提高公司穩定度！

先進企業的經濟學運用法

用經濟學，打造更穩定、更強大的企業競爭力！

經驗×數據×理論

●今井誠 著

前言

在商業上貪婪地運用研究者們的智慧

本書的目的，是幫助企業將經濟學活用於商業上。我實際採訪了五家將經濟學活用於商業的公司，請教下列問題，並統整了他們的回答。

・為什麼會開始活用經濟學
・怎麼活用、會用於哪些場面
・活用後有了什麼改變

五家公司的活用方式各有千秋，各自感受到的好處都不一樣。而企業內部是否聘請了經濟學家，員工的專業程度也大不相同。

本書介紹的先進案例，不只是讓考慮將經濟學運用於商業的人，應該也能讓懷疑經濟學是否有益於商業的人作為參考。

「將經濟學活用於商業」這件事

除了本書以外，還有很多談論如何將經濟學活用在商業上的書籍出版。「用經濟學可以輕易分析數據」、「經濟學有助於擴展（擴大商業規模）」、「經濟理論可以套用在商業」，這些書都是從各種觀點，讓商業與經濟學融合。

如同這些書所主張的，**在商業裡採納經濟學，會得到各種好處**。

話說回來，經濟學是用更客觀的角度，來分析我們生活的「現實社會」，將之建構成體系。經濟學與在商業實務獲取的經驗和體驗、業界特有的習慣和慣例、方法論，都十分相容。

如果能將在商業現場發生的狀況，與經濟學理論結合，或是採用經濟學手法的話，就可以改善這項事業的**確定性（能否順利進行）、重現性（會受到狀況影響到什麼程度）、普遍性（擺脫工作屬人主義，可以運用於所有場面）等各個方面。**

只要持續活用經濟學，肯定能讓大家的事業飛黃騰達，解決目前面臨的課題。

經濟學家看得見，但實務家看不見的「關聯」

然而另一方面，也經常有人說「理論和現實不能混為一談」、「不知道該怎麼實際活用在自己的工作上」。

這些意見想表達的都是：

「我做的本來就不是能與經濟理論連結的生意，所以這對我不適用。」

明明都想著「要將經濟學活用在商業上」而特地去看書了，為什麼最後卻沒有實際轉化成行動呢。

我認為其中一個理由，可能是「這種書的作者大多是經濟學家」。

這些書都是以經濟學已經活用於商業為前提來寫的，一開始就處於經濟學與商業之間的「關聯很明顯」的狀態。但是，在大多數的實務現場，應該都**沒有為商業與經濟學建立起關聯**。

不懂經濟學的人（現場的商務人士），根本就不了解經濟學的研究是在探究什麼，理論和研究之間有有什麼關聯。如果無法分辨出經濟學有可能解決的課題，就不可能深入探究，以及連結到理論了。

即使能在每天繁忙的業務中發現課題，也無法在這種狀況下用經濟學解決課題，甚至也很難找到人商量吧。

我並不是經濟學家，但我在參與多家企業成立的過程中，因為某個契機，感受到經濟學家所思考的經濟學，與商業之間的「關聯」。

我本身在求職時，是抱著當時在日本屬於常態的「終身雇用」心態。但正好就在我出了社會的時候，某家大型金融機構破產，終身雇用制這個慣例也開始式微。

而且，當時社會上慢慢出現了新創企業，其中甚至有企業成功上市，我考慮到自身的職涯，對於轉職到新創企業或自行創辦公司的興趣也愈來愈高。

基於這些緣故，我參與了幾家新創企業的創立，在這個過程中遭遇了**企業成長的課題**。企業面臨的狀況，就是**雖然有趣味創意，有具現化的能力，有活力和幹勁，卻**

始終沒有向外擴展。

那時我整日思索新創企業的事業成長，忽然靈光一閃，想起我的國高中同學在大學裡教經濟學。

「他做的研究，說不定可以啟發我解決目前的課題。」

這股預感油然而生，於是我找他談了自己從事的事業。對我來說，用經濟學的觀點改善商業課題，是前所未有的經驗。

結果，我幾度受到了震撼。明明我們看的是同一件事，焦點卻完全不同。就算我告訴他「這是業界慣例」、「我們以前都是這樣做的」，對方也無法理解箇中道理。

我這才體會到自己在工作上究竟有多**依賴直覺和經驗**。

我想讓更多人知道我自身的體驗。我想跟大家分享我從這段經驗得到的，將經濟學活用在商業上所需要的準備和心理建設。我基於這個想法，定期舉辦了「經濟學×

商業」工作坊。這個工作坊大受好評，吸引了許多人來參加。

因為有這段經驗，才促使我投入「將經濟學活用於商業」的創業，直到現在撰寫這本書。

我再聲明一次，我不是經濟學家。但我知道經濟學和商業「有關聯」。像是現場實務該怎麼樣才能連結到經濟學或經濟學家？該怎麼面對商業課題，以及面對經濟理論？**非經濟學家的身分才有辦法傳達的事，肯定有很多。**

要多多將經濟學活用在商業實務

我因為創辦經濟學的新創企業，接觸各種企業的機會也跟著增加了。我在接觸這些企業後，發現**大部分的企業都有應該可以用經濟學解決的課題**。

但是，大半數的企業都沒有考慮到「經濟學」。日本目前的狀況是，坊間出版了那麼多經濟學入門書，卻完全沒有引起「將經濟學與商業連起來思考」的動靜。

經濟學這個工具，可以為企業成長帶來非常卓越的效果，但活用的方法卻依然鮮為人知。

企業和商務人士會因為什麼契機，而開始了解商業與經濟學的關聯、體驗到其中的效果呢？

活用經濟學的日本頂尖企業，都得到了什麼優勢呢？

我希望各位可以藉由本書解開這些疑問，踏出全新的一步。

許多企業都有收集數據資料，並以數據分析為基礎訂立策略的機會。經濟學能夠成為這些企業的成長工具，但願本書讓大家有機會思考經濟學與商務人士的關聯。

前言　在商業上貪婪地運用研究者們的智慧……1

第1章
為什麼全球最頂尖、高度成長的企業會聘請經濟學家？

能善用經驗的職場，無法累積經驗的職場……18
將經濟學活用於商業以前，應當先在職場做好的準備……21
講求「提問方法」的時代……24
「好答案」只會來自於「好問題」……25
工具終究只是工具，其效能取決於使用方法……28
我為什麼會認為「經濟學擁有推動商業發展的力量」……33
沒有任何學問比「以社會為對象的經濟學」更能契合商業……35
美國企業早已發現經濟學的價值……37
「直覺與經驗」會侷限公司與個人的成長……40
社會正逐漸走向「直覺」和「經驗法則」不再通用的方向……41
把經濟學當作工具使用的心理建設……45

經濟學家是「學者」，不是「商業老師」……46
二〇〇〇年代赴美的日本經濟學家所見所聞……48
不存在「無法運用經濟學的企業」……52
在收集「數據」的時候，就有「活用經濟學」的可能……53
從市場行銷到業務效率化——經濟學的通用性……54
column 寫給各位經濟學家……58

第2章 透過案例與理論來學習 商業×經濟學

經濟學活用案例 1 CyberAgent

用經濟學改善自家公司的服務，提升企業價值……62
在經濟學成為「公司的強項」以前……64

利用「因果推論」提高網路廣告的效果 68
用於控制ＡＩ「過度最佳化」的經濟學 70
利用「配對理論」滿足所有人的需求，並達到整體最佳化 73
「待機兒童」的問題不只是因為「托育設施不足」 74
「資訊不對等」——經濟學的基礎知識就是一大提示 77
愈是「只要察覺就會明白」的課題，當事人愈難察覺 79
課題與展望
為了在今後推動「經濟學的商業活用」
聘請學者的企業活用經濟學的方法 80
在經濟學以外也開始需要講求的專業 81
經濟學活用案例
2 AppBrew（LIPS）
有經濟學背書的「可信度」和「使用者滿意度」 88
使用者如何從龐大的口碑評價中，快速找出有用的資訊 90
在大量口碑評價中「不知道該看什麼」 92

「數據修正」──為什麼不能用大眾平均分數來決定「評價星等」……94
「平均」真的是平等公平的數值嗎？……96
更在意口碑評價的「新商品」，難以做出適度評價的理由……98
「分級」──什麼是能讓人接受和信賴的「適度的資訊揭露」？……104
適度的評價是孕育好商品的土壤……108
課題與展望 為了在今後推動「經濟學的商業活用」
公司沒有聘請經濟學家時的學識活用……109

經濟學活用案例 3 Sansan
從「業務改善」到「研發自家產品」廣泛的活用方法……116
「公司內的學識活用」有助於提升產品價值的理由……118
用學識的力量設計「交集」……119
利用「CRM（客戶關係管理）」提高客戶成功……123
該怎樣才能吸引更多人使用應用程式的「新功能」……126

運用A／B測試讓策略效果「可視化」……132
學識是不怕改變、持續挑戰的「根據」……136
課題與展望 為了在今後推動「經濟學的商業活用」
沒有活用學識的理由①「缺乏互相理解」……140
沒有活用學識的理由②「未建立信賴關係」……143

經濟學活用案例 4 Due diligence & Deals

活用經濟學達到收益最大化與同業的差異化……150
該怎麼決定商品的「合理價格」？……152
作為經濟學其中一個領域的「拍賣」……153
改變銷售方法，商品價格就容易變動……162
拍賣可以決定物品的合理價格……163
用銷售方法解決「資訊不對等」……168
在「以最高價格出售」狀況下的買方優勢……169

避免「工作屬人主義」……172
為什麼工作屬人主義很危險？……173
利用考慮業界特性的「CRM（客戶關係管理）」實現永續成長……177
不隨便開發新客戶……178
課題與展望　為了在今後推動「經濟學的商業活用」
和經濟學家一同創造出接受度更高的買賣交易……180
為了擺脫屬人主義的商業模式……181

經濟學活用案例 5 Deloitte Tohmatsu

為了與客戶建立信賴關係、釐清課題與提高企業價值的經濟學……184
幫企業釐清「籠統的課題意識」這門工作……186
明確掌握「自家公司問題點」的客戶很少……187

將課題釐清並用言語表述出來的「科學」 188
EBPM與經濟學 193
經濟學這門「科學」與情感 194
提高決策品質的「科學」 196
經濟學在ESG課題上的作用 199
課題與展望 為了在今後推動「經濟學的商業活用」
將「憑感覺煮的家常菜」變成「專家食譜」 205
經濟學有可能揭示出並非單純延續現在的「全新未來」嗎？ 207

第3章 將經濟學活用於自家事業的方法

為了先自主活用經濟學 212
將經濟學活用於商業的兩個準備 214
學識的商業活用是「團體戰」 226
如何超越背景的差異合作下去 233

從數據運用開啟「經濟學的商業活用」……241

第4章 可運用於商業的經濟學學習法

展望五年後、十年後，思考「現在應該做什麼」……248
目標是成為經濟學的通才……253
學習經濟學，是一種企業投資……263
後記　現代日本需要的「仲介」人才……266
書末附錄　在商業上活用經濟學的推薦閱讀書單……270

第 1 章

為什麼
全球最頂尖、
高度成長的企業
會聘請經濟學家？

能善用經驗的職場，無法累積經驗的職場

「本期要提案的行銷策略是●●。●●是要將兩年前實施後，效果比前一年同期成長了150%的手法擴展到其他世代，有望取得跟上次一樣的成效。問卷調查也顯示有90%的人對這個作法印象良好。」

「本月的營業額沒有達到預期。打折也沒關係，要想辦法拉高營業額。」

「現在原物料大漲，我們不得已也要漲價了。同行競爭商品的漲價幅度是A公司一百日圓、B公司八十日圓，C公司目前沒有調漲……不過一百日圓單位的漲幅會讓

人覺得太貴，所以能不能控制在含稅一百日圓以下，大概九十日圓左右呢。」

「會員制度收集到不少客戶數據資料，總之先有效活用收集到的會員資料吧。」

「我們為了避免浪費，都是少量生產。不過只要一有活動，銷量就會突然增加，但我們無法臨時增加產量，結果就是白白損失機會。」

「熱門商品被一部分的人掃貨去高價轉賣，完全沒有賣到目標客戶手上。」

大家在工作中，是不是都遇過上述這些情況呢。就算情況不完全相同，把「行銷策略」換成「新商品開發案」、「新企畫案」，把「稍微打個折」換成「請老客戶通融」的情況，應該發生過吧？或者漲價的金額可能不一樣？

如果這些例子經常發生在你的公司或其他周遭環境裡，而你受雇於人的話，**這本書一定能夠幫助你**。

因為，前面介紹的台詞雖然說得煞有其事，實際上**這些全都是「依循前例」、「仰**

賴直覺」、「臨機應變」的工作上常見的狀況。

認為依循前例是天經地義的職場，並不會蘊釀出任何創意巧思，**容易強迫員工要秉持不合時宜的堅毅精神**。

仰賴直覺是指沒有累積什麼經驗知識，始終處在**工作屬人化**的狀態，很難提高產能和效率。

臨機應變的工作方法，只是針對眼前的事物做應急處理而已，**難以預測未來、有計劃地進行**。

在現代的日本社會，充斥了這些台詞的組織，應該很難達到長期穩定的成功吧。豈止如此，我個人認為這種觀念和工作方法，甚至會阻礙日本經濟的成長。

本書採取了經濟學，作為幫助解決這種商業課題的「工具」。可以運用經濟學當中與商業關係密切的研究成果、思維、方法論——本書將這種來自學問的見解稱作**「學識」**——來為事業的成長締造新的契機，這就是本書的主題。

將經濟學活用於商業以前，應當先在職場做好的準備

日本已經有好幾家企業，以某些形式順利採納了經濟學、成功幫助企業成長。**本書會在第二章舉出具體的企業案例，介紹這些企業及其問題意識，以及他們是如何採納經濟學、導入了哪些領域**。

如同「前言」所述，我本身並不是經濟學家，而是與經濟學家一同將各種學識活用於商業課題的商務人士。我會在各個商業實務現場，運用學識來改善業務、建立提高收益的策略。

希望大家一定要來親自體會、實踐這分成功。為此，我打算跟大家一起來觀察、談論現在全球與日本商業界發生的現象。

不過，我想建議大家的並不是「聘請經濟學家」、「找外界的經濟學專家商量」、「與懂得活用經濟學的顧問簽約」這些事。當然，如果各位最終判斷自家公司需要經濟學學識的話，那就一定要積極去做。

但是在這之前，我希望各位**能以「商務人士」的身分主動接觸學識，建構出自己的思維**。

因為，「經濟學」從過去累積的研究成果相當龐大，研究範圍非常廣泛，「經濟學家」也包含了各種領域的研究者。

經濟學是能夠為現代商業帶來劃時代的變動，而且重現性很高的工具。但商務人士冒然表現出想運用的決心，也不代表就能順利。

此外，如果自己對經濟學一無所知，就算聘請經濟學家、找經濟學家商量，或是依賴顧問提供的意見，也無法得到自己預期的效果。

但是反過來說，只要稍微認真去接觸經濟學、努力理解，應該就能發現活用這個能力的方法。日積月累的龐大學識、領域廣泛的各種經濟學家，都身懷能夠成為公司事業強力武器的潛能。

本書也會談到**「為什麼經濟學可以用來解決商業課題？」**及**「為什麼經濟學能夠讓企業大幅成長？」**幫助各位運用這個強大的武器。

重點

你從事的是「依循前例」、「仰賴直覺」、「臨機應變」的工作嗎？好好反思一下吧。

講求「提問方法」的時代

我當然不會平白無故的要求各位別只是聘請經濟學家、依賴顧問，而是要先自己多少學一點經濟學。因為，如果要推動商業發展，必然會更需要**「提問的能力（課題發現力）」**和**「判斷對方的答案是否適當的能力（批判性思考）」**。

就算不談經濟學的商業活用，我也感受到，二〇二三年已經進入了前所未有講求「提問方法」的時代。

原因就在於「ChatGPT」及其他生成式ＡＩ，也在日本爆發式地普及了。

「好答案」只會來自於「好問題」

如果你曾經接觸過生成式ＡＩ，應該都有過下列這些感受吧。

- 生成式ＡＩ的答案精準度，會因輸入的「指令（問題）」而天差地遠。
- 生成式ＡＩ偶爾會出現離譜的錯誤。

生成式ＡＩ是透過ＬＬＭ（大型語言模型），大量學習過去的數據資料，也就是藉由學習數據資料的模式建構而成立。其性質在目前的技術水準當中，可能會捏造出「其實根本不存在，卻『煞有其事的事情』」。

基於這個原因，我們不能盲目相信生成式ＡＩ提出的答案。而且，使用生成式ＡＩ的人類還需要兼具最低限度的知識，以察覺會造成事實誤認的部分。

為什麼「現在」會講求提問力？

在此之前，社會上也不是不曾講求過提出適當問題的能力，以及判斷答案適當性的能力。例如Yahoo!和Google搜尋引擎普及的時候，就有「搜尋得到的知識、資訊會因輸入的關鍵字而異」的現象。

實際上，在網路上搜尋同一件事，的確會因為搜尋者的能力導致得到的資訊有落差。但是基本上，搜尋引擎只是列出包含關鍵字的網站而已。所以，就算選擇關鍵字的技巧有點難度，只要能從搜尋結果中選出接近目標的網站，應該就能解決了。

不管搜尋技巧再怎麼爛，只要肯花時間，就能得到需要的資訊。

然而，生成式ＡＩ對於使用者提出的問題，是以「針對您提出的問題，這是您想要的答案嗎？」的感覺，用「生成」的方式給出答案。它根據就是前面提過的，經由大量學習建構的數據資料。它不像搜尋引擎一樣會列出可能有關聯的網頁，而是針對問題給出某個答案，失去了中間以人工「選出接近目標的結果」的程序。

活用這個進化的科技，在商業上已逐漸成為常態，所以在走向這個未來的過程中，**必然更需要精準的提問**。

此外，關於ＡＩ提出的答案，使用者也必須要能判斷「答案是否適當」。遇到前面提到的「離譜錯誤」，使用者也只能察覺並加以應對。也就是說，使用者面對生成式ＡＩ提供的答案，要懂得從各種角度**判斷「是否適當」**。

這個新工具，已經開始改變我們的商業和生活。例如外語翻譯、基本的程式編碼等等，過去需要人工花時間去做的事，ＡＩ都能在極短的時間內完成。

如果想要自行妥善地運用這種工具，那就最好要具備過去無法比擬的提問力，和某種程度的知識水準。

工具終究只是工具，其效能取決於使用方法

雖然我前面舉了生成式ＡＩ為例，但其實在經濟學的商業活用上也是相同的狀況。**如果企業要活用經濟學這個工具，至少必須要具備「提問力」和「判斷答案適當性的能力」**。

這是為什麼呢。

我就先假定各位商務人士，已經知道其他公司活用經濟學的成功案例好了。這麼一來，各位或許會想「我們好像也能用」，於是「也想要活用在自家公司」。

此時，如果當下公司裡沒有任何經濟學專家，那可以採取的方法大致有下列兩種。

1 由自己或是公司裡的同事學習可應用於商業的經濟學

2 借助「（外界的）經濟學專家」的能力

我剛才提過「自學經濟學很重要」。但如果要跟選項**1**一樣，學到真正能活用的程度，那就會變成幾年、十幾年的大專案。

所以，現實上通常是選擇**2**借助「經濟學專家」的能力吧（經濟學有詳細的領域之分，不過這裡姑且先不論）。

將經濟學的學識活用於商業之際，針對從商業界的課題衍生出的問題，經濟學家會以專家的身分生成、提出解決方案。

我們來綜觀一下這個結構。根據過去龐大的學習資料來回答的生成式ＡＩ，看起來是不是跟「經濟學的專家」一模一樣呢？

總而言之，各位**如果要從自己以外的地方尋求「適當的答案」，那就必須要有「適當的問題」**。而且**「適當的問題」是因為釐清自身的課題，並具備最低限度的「知識」作為與專家溝通的共同語言，才有辦法提出來**。

也就是說，在生成式ＡＩ輸入指令（問題），和經濟學家一同面對商業課題，這兩件事在「具備某種程度的知識，用言語清楚表述自己的問題，同時以批判性思考來尋找答案」這一點上，其實擁有相同的性質。

真正的課題無法輕易用言語表述

生成式ＡＩ爆發式的普及，使大眾開始強烈意識到「該如何下指令」。我認為這個「適當的問題」，若是只侷限於生成式AI的領域，那就太可惜了。在商業課題上思考「如何提問」，不正是提高精準度的大好機會嗎。

無論是再怎麼優秀的顧問，要是唐突地接到完全不懂商業、也毫無經驗的新創企業經營者委託：

「請教我怎麼讓我的商業計畫成功。」

通常應該會回答對方：

「你要先自己試著做，做出心得以後再來找我談。」

生成式AI遇到這種模糊不清的提問，也只能給出更模糊不清、沒有內容的答案。經濟學亦是同理。

要是突然對「經濟學家」這樣的專家（但沒有任何商業經驗）說：

「不知道為什麼我們就是做不好，請您想辦法讓這門生意成功。」

他們也無計可施。自己先多少去學習、理解（選項1），再借助專家的能力（選項2），才能得到滿意的解決方案。

事實上，我在第二章作為案例的企業，都已經成功將學識活用於自家公司的事業，在詳細採訪的過程中，他們經常談到「課題設定」、「課題意識」的重要性。在取得經濟學家的協助、解決商業課題的過程中，他們都能理解、深思「問題（課題發現）」的重要性。正因如此，這些企業才能成為成功將學識投入商業活用的先例。

重點

如果要磨練「提問的能力」，就必須要「學習」。

我為什麼會認為「經濟學擁有推動商業發展的力量」

在經濟學的商業活用上，全世界最先實行的是美國。

我想各位應該也都曾經聽說過，**Google、Amazon等知名美國企業，會積極聘請擁有經濟學博士學位的人**。相較之下，不得不說日本落後非常多。

比較雙方這三十年來的經濟實力，撇開疫情期間不論，美國的平均薪資持續成長，日本卻幾乎還在原地踏步。儘管在疫情過後，股價順利復甦，但國民依然覺得景氣停滯不前。

多元立場、觀點始終不可或缺

日本和美國的經濟實力差距之所以如此大，當然不是只有一個原因。其中最大的遠因，我認為**在於「是否有效率地推動商業發展（＝是否積極將經濟學活用於商業）」的差異**。

首先，這意味著如果能像多數美國企業一樣在公司裡聘請經濟學家，處理課題時的**選項就會增加**。

近年來，商務人士面臨的課題愈來愈多層次、愈來愈複雜。在處理這種課題時，需要來自多種立場・觀點的意見，所以多元・包容才會成為企業最迫切的課題（遺憾的是，很多企業無法將這個課題視為自己的責任，或是無法應對）。

在美國企業裡，經濟學家的觀點就是這「多元立場、觀點」的其中一個。當各種立場和觀點的人，以各自專業的見解來評估解決課題的方法時，經濟學家自然也是其中一員。他們會以經濟學家的身分，運用經濟學的理論和手法來尋找解決課題的方案。有時候經濟學的研究剛好符合課題的需求，但也可能是其他不同的研究才適用。經濟學家就是以這種方式作為團隊的一分子，參與其中來拓展選項的幅度。

沒有任何學問比「以社會為對象的經濟學」更能契合商業

而經濟學在學術上的特性，也造成了美日的經濟成長差距。

提到經濟學，可能很多人會聯想到大量難解的公式和理論。但是，經濟學絕非紙上談兵，其**目光總是放在「社會」上**。經濟學會分析經濟活動這個社會性的行為，盡力去理解。

如果「管理學」是以自家公司的角度或案例研究為依據來思考提高利潤的方法，那「經濟學」就是以更寬廣的社會角度，根據理論來思考提高利潤的方法。

有鑑於社會今後會更加多元化、複雜化，經濟學「以社會的角度思考商業」的觀點，應該**擁有比「多元化立場・觀點的其中之一」更高的價值**吧。

追根究底，商業是將企業或個人與社會連結在一起，提供某些價值以獲取等值報酬的社會行為。既然如此，將以社會為對象的經濟學活用在商業上，算是非常自然的想法吧。

甚至可以說，沒有任何學問比經濟學更契合商業了。

美國企業早已發現經濟學的價值

前面提過，在美國早已有愈來愈多企業聘請擁有經濟學博士學位的人。即使不提任職於Google的學者哈爾・范里安（Hal Varian）的貢獻，也已經有多到數不清的經濟學博士受到重用、在企業中占有一席之地。

說得更清楚一點，在美國最頂尖的企業裡，經濟學博士加入經營管理團隊並不是件稀奇的事。**經營者本身具備經濟學的見識，就能更深入將之活用於商業**。

由此可見，在商業上的經濟學應用方面，目前美國已經遠遠超越日本，但重視經濟學並不是他們自古以來的傳統。其實，美國將經濟學活用於商業的時機愈趨成熟，商務人士開始積極接觸經濟學家的時期，是在一九九〇～二〇〇〇年代。

而且，經濟學家給出了回應，開始創造出商業成就以後，企業便招攬經濟學家任職於公司內，最終才會走到今天，發展成最頂尖企業「和經濟學家一起做生意很正常」的風氣。

持續成長的美國，停滯不前的日本，其中的關鍵就是經濟學？

這段經濟學的商業應用逐漸變成常態的過程，與這三十年來美國的經濟成長應該有某些關聯，不過這裡的目的不是要驗證這件事。

但是，日本企業這三十年來並不是一直袖手旁觀，肯定也用盡了所有手段，絞盡腦汁，採取了任何可能的策略。然而日本經濟依舊低靡，或許可以歸因於**日本企業至今從未想過的事、不曾策劃過的地方，可能就隱藏著成長的關鍵**。

美國和日本的商業慣例、組織的狀況、工作方式都大不相同，所以我不會說日本必須要完全效仿美國。

不過，關注有眾多成長企業的美國採用哪些專業人才，以符合自家業務的形式採納經濟學這個有效的工具，這對日本的商業界應該也是非常合理的提議。

是否能夠想到活用「經濟學」的可能性來作為解決課題的選項之一。是否能夠想到「經濟學家」作為解決課題的商量對象，我認為這裡才是美日最大的分歧點。

重點

只要將「經濟學」當作一個選項，可能性就會更加寬廣。

「直覺與經驗」會侷限公司與個人的成長

一般而言，日本企業注重**「經驗法則」**。透過長年經驗培養出**無法言語表述的個人直覺**，才能在重要的決策場合派上用場。重視過去的成功案例，應該是很多公司的企業文化吧。

或者說這種傾向更為顯著，「一直以來都是這樣做」的不成文傳統規定在公司根深蒂固，凡事都要求員工回歸「既有的做法・思維」的經營者，應該也不少吧。如果想要擺脫這個傳統，可能就會被主管盯上，導致工作變得綁手綁腳。

倘若過去按傳統行事總是一帆風順，如今卻失去了效率、被其他持續成長的公司超越的話，我建議最好**要重新評估一下這個經驗法則和直覺的運用方法**。

說得極端一點，企業可能陷入了全體員工都是「井底之蛙」的狀態，眼光根本看不到外面的世界，沒有發現其他公司用了有別於過去的方法大獲成功。

社會正逐漸走向「直覺」和「經驗法則」不再通用的方向

當然，還是有像手工藝這種累積愈多直覺和經驗、工作精準度會愈高的領域。另一方面，隨著資訊科技化與電腦網路高速化的進展，大數據在現代已是常態，或許有更多出乎意料的領域，已經無法只憑長年的直覺和經驗來一決勝負了。

比方說取得客戶資料這件事，以前通常是寄送紙本問卷，有心的客戶會特地填寫寄回。這個方法非常土法煉鋼，而且會有一定數目的客戶不願意填寫問卷，所以能收集累積的資料有限。

不過在資訊科技普及的現在，企業可以從網路上登錄的顧客資訊，取得客戶的年齡、居住地、商品的購買傾向等五花八門的資料，自然而然就能累積起來。

在所有商業環境下，都可以輕易取得品質、數量都比過去更好的數據資料。而且如前文所述，有很多企業都活用這些數據順利成長。這就是現狀。

正因為狀況如此，我們才需要「經濟學」這個武器，作為從龐大資料中獲得新提示的方法。**希望大家都能活用經濟學，來印證憑「經驗和直覺」得出的解決方案，或是建立體系來擬訂策略**。

也許，與自家公司相同規模的其他同業公司，已經會根據學識來分析數據、建構新策略也說不定。

既然如此，五年後、十年後，這些對手可能就會超前到望塵莫及的程度。萬一出現了這種差距，要迎頭趕上、脫穎而出就很難了。因為早在五年、十年前就已經開始活用經濟學的競爭對手，會分析更多他們收集到的龐大數據，成長速度更加倍。

維持目前的努力方式，並不會得到想要的結果

現在，很多企業都會使用電腦來處理業務。如果有新員工不懂電腦，還理直氣壯地說：「我不會用電腦，但所有工作我都會人工一步一步努力做好！」

大家聽了應該會很傻眼吧。

而現在，我感覺到「商務人士所謂（以經濟學為基礎）的數據活用」，無疑就是這種「新員工眼中的電腦」。

「本公司完全不會進行（以經濟學為基礎的）數據分析，但會參照前例和經驗，最後相信直覺，憑著氣勢和耐力扎實地努力！」

大概就是這種感覺吧。努力本身是非常棒的事，但**努力也是要講究方法吧**。

我並不是說經驗和直覺一文不值，但事實是，**商業環境正迅速走向難以單憑直覺和經驗來較量的方向**。

為了找出目前還看不見的原因，達成有重現性的成果，需要接觸對每個人都是平等開放的學識，建構出面對商業課題的新想法。

重點

「過去的成功模式」要與時俱進。

把經濟學當作工具使用的心理建設

雖然我到處提倡「要將經濟學活用於商業」，但偶爾還是會造成下列兩個誤解。

誤解1　導入經濟學後，目前的課題就能馬上解決（「魔杖」式想法）

誤解2　導入經濟學後，就必須全面改變現在的工作方式（「革命」式想法）

有這些誤解的人，可能是腦海中描繪了一個有戲劇性轉折的場面：「出現了某個很大的商業課題↓利用經濟學的某某手法來驗證↓解決了課題、商業大獲成功！」

不過，我在這裡清楚寫出了這是「誤解」，意思是**經濟學不是遇到任何課題都能當場解決的魔杖**。

而且，幾乎所有案例需要的都是「能協助克服當下難題的一點提示，而非根本上的改變」。比方說，要提高本公司產品的品質和顧客滿意度、訂立客服政策，並提升公司的業務效率等等。

感覺上就是，你現在投入的事業上了軌道、正在發展中，於是在能幫助發展的改善策略中到處注入、穿插經濟學的精髓。

經濟學家是「學者」，不是「商業老師」

像誤解**2**一樣「非得聽從經濟學家的做法不可」、「必須先做某某事才能導入經濟學」也是天大的誤解。若要在商業上活用經濟學，就不能把經濟學家當作「教導商業策略的權威老師」，而是需要**成為能夠互相尊重「共同解決大大小小各種商業課題的同伴」**。

如果把經濟學捧得高高在上，就完全無法縮短經濟學家和商務人士之間的距離了吧。雖然經濟學家也需要主動，不過商務人士同樣需要改變心態。

這裡所說的改變心態，就是**要能夠想著「用經濟學的角度觀察自家公司，或許就能找出事業成長的機會」**。

就算現在對經濟學和經濟學家還不甚熟悉，但是在思考「今後該怎麼提高利潤？」時，把「用經濟學的思維來改革事業」當作一個選項，就是踏出重要的第一步了。

二〇〇〇年代赴美的日本經濟學家所見所聞

為了讓日本企業今後可以認真運用經濟學、加速改善商業模式，商務人士和經濟學家都需要主動並互相理解。

那麼，日本的經濟學家目前是什麼狀態呢？儘管還不是很充分，但可以算是**正在一步一步準備好將自己的見識活用於商業**。

在美國將經濟學全速活用於商業的一九九〇年代中期～二〇〇〇年代，其實我也感受到日本的經濟學界正在慢慢改變。當時留學美國的年輕經濟學家們親眼見識到的，是美日兩國經濟學與商業之間的差距。

日本的經濟學家通常是任職於大學或研究機構，從事研究活動。而大多數人都會儘量避免直接接觸「賺錢」、「發財」這些事。

另一方面，美國的經濟學家則是進入企業，認真地思考「如何提高企業收益」。我還聽說過「知名經濟學教授辭去大學教職，任職於民營企業」。而且，這些前大學教授在有顯著成長的企業當中，據說也是以近似管理職的地位領取高薪（因為他們的貢獻有這個價值）。

如此大的差異，令日本的年輕經濟學家感到震驚無比。

當然，當時的日本幾乎沒有將經濟學活用於商業的動靜。

即使如此，他們在學成歸國以後，應該多少還是能感受到日本與他們在美國見識到的商業模式之間的差距。事實上，他們會依自身的研究課題，主動接近企業、取得現實數據來進行研究**（其結果有助於解決企業課題）**，這種案例近年來已經愈來愈多了。

只要商務人士也做好準備，狀況就有可能立刻改變

二十年後，當時年輕的經濟學家，如今個個都成為多所大學或研究機構的主力人員，也會在大學裡指導學生。

受到他們影響的學生，正逐漸成長為能夠將**「經濟學是可以活用於商業的學問」**的觀念，視為理所當然的新世代學者和商務人士。其中甚至有人已經以經濟學家的身分，與企業共同致力於商業課題。

儘管目標尚未達成，不過到處都可以看見經濟學在商業上活用的零星案例了。**由已經察覺經濟學實用性的企業帶頭開始改變，邁向下一次的躍進。**

僅僅就我所見，年輕學者已經熟知與商業界拉近距離的方法、擅長直言不諱的溝通技巧、能快速理解商業課題，感覺**能與企業合作的經濟學家確實愈來愈多了**。

經濟學家也是各有千秋，其中也有人根本沒想過將自己的專業領域活用於商業。不過，對大多數學者來說，投入商業實務是可以將企業擁有的大量真實數據，作為研究的一部分來活用的大好機會。多數經濟學家，肯定都對商業界抱持著某些興趣吧。只要商業界有意願，今後與經濟學建立交集的可能性應該會大幅提高。

重點

要以「找出可用的商業工具、妥善運用」的觀點來看待經濟學。

不存在「無法運用經濟學的企業」

到目前為止，我想大家應該都已經理解「將經濟學活用於商業」需要什麼心理建設了。不過，或許還是會有人產生下列疑問：

「雖然我想活用經濟學，但會不會只有部分公司才，我們公司根本就行不通呢？」

「這樣受惠的不就只有大企業這種，擁有龐大客戶名單、事業規模很大的少數公司而已嗎。」

確實，有些行業可能很難想像要怎麼「融合學識」。但這麼說絕不誇大，**現代已經幾乎沒有哪家企業完全無法應用經濟學的精髓。**

在收集「數據」的時候，就有「活用經濟學」的可能

為什麼經濟學在任何企業都能派上用場呢，因為只要確實收集「數據」，就能以某些形式活用。而如今應該沒有哪家企業是完全沒有處理「數據」的吧。

這裡所謂的「數據」，就是像顧客的個人資料、產品的價格和銷售數字、生產線的不良率、進貨價格、從業員工的資料等等，這個時代只要是從事某些商業活動或是過著日常生活，就一定會產生、收集到某些數據。

嘗試活用經濟學，就是利用那些收集到的（某種）數據，來尋找提升企業績效的啟示。所以，不論是什麼企業，只要能確實收集關於自家公司課題的某種數據，活用學識的可能性就會提高。

但終究還是科技業——會在評論網站、入口網站等線上平台提供服務的企業——比較常透過服務本身收集數據，因此這一行的活用範圍的確比較大。實際上，許多科技企業都是在提升自家服務的收益和品質方面，著重於活用學識。

就這一點來看，科技企業與經濟學的相容性較高（容易想像出怎麼與經濟學融合），不過經濟學的通用性其實更加廣泛。

從市場行銷到業務效率化
——經濟學的通用性

我來舉幾個可以活用經濟學的具體案例。

- 如何從客戶資料中找出優良客戶。
- 如何讓現有的舊客戶成為忠實顧客。
- 如何修訂價格才能創造最大的利潤。
- 想找出能將食物浪費控制在最小限度的政策。
- 想設法將ＥＳＧ（環境、社會、公司治理）相關活動反映在企業價值上。
- 想找出最適合自家商品的銷售方法（是否能設計出讓最合適的買方買到商品的市場）。
- 想找出能儘量減少從業員工作業失誤的方法。
- 如何維持、提高從業員工的工作動力。
- 該怎麼做才能提高公司的業務處理效率。

這些僅僅是其中一部分。即便只是想大致列舉主要的用途，篇幅也不夠用。

不過大家應該也能明白，就算只是簡單的經濟學，也能找到適用於商業的精髓。

若是詳細解析這裡列舉的眾多課題，其實很多解決方法都與學識有深入的連結。

如果是多少學過經濟學，或是會關注諾貝爾經濟學獎的人，應該大多都會發現自己聽說過的理論，與商業有直接的關聯吧。

不過遺憾的是，實際上很多商務人士並不會那麼詳細解析課題，也看不出經濟學理論或原始的研究與商業的關聯。

而且，經濟學並不是「魔杖」，所以不是開始分析數據後就能馬上得到結果。在分析數據後，根據得到的提示來建立改善的策略、付諸實行，這個過程可能還是需要不少時間。

但是，就算多少會花點時間，**依照有理論根據的確定性來進行改善，從中得到的啟發會更大**。倘若能感受到任何一丁點正向的變化，應該就能體會到「原來這樣就是在活用經濟學啊！」

如此一來，應該就能漸漸掌握如何瞄準想要解決的課題、提問的方法、與經濟學家溝通的方法等要點了。

活用的範圍會從此一步一步逐漸擴大，等你察覺時，經濟學已經完全扎根成為公司的「工具」了。

我深切地期望會像這樣，引起**「將經濟學活用於自家公司的事業→發生樂觀的變化→更進一步活用→發生更樂觀的變化」**的良性循環。

重點

經濟學對商業的正面影響會慢慢顯現、長久有效。
別著急，要踏實專心去做。

COLUMN

寫給各位經濟學家

一邊是實用的經濟學，另一邊則是有待解決的商業課題。日本長年以來，商業和經濟學都是各走各的路，若今後要縮短兩者之間的距離，那麼我希望身為經濟學家的各位，一定要跳脫學會的框架、向普羅大眾推廣經濟學的概念。

舉例來說，曾有位經濟學家在一般大眾媒體上撰寫「分級」相關的專欄文章，因而接到提供各種評價服務的企業聯絡，希望他能協助他們提升服務品質。

另外還有一位經濟學家，為了讓自己的研究更具實用性，便說服企業提供實際據數作為研究用途。而企業看了研究成果後，也洽詢是否能將這個成果活用在實際的商業活動上。從企業的角度來看，親眼見證值得信賴的研究成果，這無疑是能幫助自家企業成長的機會。若今後也能繼續共同研究，或許可以讓企業更進一步成長。於是該企業從此以後，也開始在其他課題上積極活用經濟學。

即使詳細的原委不同，但這些例子都證明了經濟學家主動出擊，有助於經濟學的商業活用。

目前的實情是，如果經濟學家沒有充分理解並對外推廣有什麼樣的研究，而這項研究可以幫助解決什麼樣的課題，商務人士就很難知道這是可以解決課題的工具。

任職於一般企業、不曾學過經濟學的商務人士，若要「閱讀各個公開的論文，察覺其中有解決課題的方法，再聯絡洽詢論文作者」，就現實來看只能說是不可能。

如果各位經濟學家想透過本書，將自己的研究領域活用在商業上，請一定要主動推廣自己的研究。

第 2 章

透過案例與理論來學習
商業 × 經濟學

經濟學活用案例

1

CyberAgent

用經濟學改善自家公司的服務，提升企業價值

關鍵字

因果推論、效果驗證、配對理論、解決資訊不對等。

活用程度

★★★

公司裡有事業團隊。

企業簡介

企業理念是「創立代表二十一世紀的公司」，以「網路廣告」、「媒體」、「電子遊戲」三大主力事業為中心。

● 「網路廣告」……廣告效果最大化、AI科技、運用最先進技術的作品創作。

●「媒體」……經營新型網路電視台「ABEMA」、「Ameba blog」、「Tapple」、「WINTICKET」等各種媒體。
●「電子遊戲」……「碧藍幻想」、「賽馬娘」。

從日本頂尖市占率的網路廣告事業開始，拓展出新型網路電視台「ABEMA」及電子遊戲事業。配合網路產業的變化推出新業務，並持續擴大事業版圖。二〇一六年成立研究開發組織「AI Lab」。以社會實務運用及學術貢獻為目標，致力於研究開發。

採訪

安井翔太（Research Scientist、AI Lab 經濟學團隊領導者）、森脇大輔（Research Scientist、AI Lab 經濟學社會實務運用團隊領導者）

在經濟學成為「公司的強項」以前

CyberAgent是代表日本的科技企業，以「賽馬娘」、「ＡＢＥＭＡ」等數位創意內容相關的領域聞名，但實際上他們是日本少數在公司裡組成經濟學家團隊的企業。該公司的經濟學家團隊，是定位成內部組織「AI Lab（與數位行銷相關的ＡＩ技術研發團隊）」的一部分。

AI Lab不是只有公司內部的研究者，還會與許多外界研究機構和大學的研究者，共同合作進行好幾個研究專案，現在也正投入「經濟學的商業活用」的對外諮詢活動。

在「經濟學的商業活用」這一點上，CyberAgent肯定是走在日本最尖端的企業之一。

在CyberAgent橫跨多種領域的事業當中，這裡就舉出「網路廣告事業」和「行政DX（Digital Transformation，數位轉型）」作為大幅活用經濟學的案例。

「交給AI行不通」——這個問題意識有助於經濟學的導入

CyberAgent是在二〇一五年前後，開始將經濟學活用於商業。事情的開端是他們企圖提高廣告宣傳的效果時，意識到只用AI來解析使用者動向，會經常出現行不通的情況。

ＡＩ的預測精準度並不低，但就算營造出「用ＡＩ應該可以順利執行」的狀況，卻會不斷出現「商業實務上執行不順利」。

比方說，他們遇到的課題是「利用ＡＩ篩選出有望達到高度廣告效果的顧客，只要針對這些顧客打廣告，應該就能得到更高的效果（＝效率好），但實際成效不如預期」（具體情況會於下一節詳述）。

對於這種課題，CyberAgent**並不是交給ＡＩ處理，而是在構思對策的過程中，導入了經濟學**。

主要原因是，公司裡聘請了有經濟學背景的研究者，而經濟學是從結構來解析社會現象、加以研究的學問。

安井先生表示：「起因或許是有經濟學碩士學位的我，曾在偶然之下一度試著拋開ＡＩ去處理問題。」

而正是他這股「AI結合經濟學的實證研究可能行得通」的直覺，促使了該公司將經濟學活用於商業實務。

順便一提，CyberAgent的經濟學團隊在發現商業課題後，除了會一併附上經濟學角度的解決方案給商業界的人士，也會接到商業界人士的洽詢。

商業界人士可以與經濟學團隊商量一些很模糊的問題，像是：「現在我們遇到了某某課題，想說用AI和經濟學應該可以解決，請問該怎麼處理？」

可以從AI和經濟學這兩方面為各自的課題提出解決方案，這個環境正是該公司導入經濟學的最大特徵，亦可說是過人之處。

利用「因果推論」提高網路廣告的效果

廣告會在打開某些網頁時顯示出來。雖然使用者大多不太會注意廣告，但這背後卻運用了來自ＡＩ和經濟學這兩方面的各種智慧。

「是否要投放那個人可能會感興趣的廣告」、「是否針對反應較佳的人投放重點式廣告」，這些考量都會大幅改變廣告的效果。這類問題**不僅限於廣告，在優惠券的發放目標、動態定價這些行銷相關的課題也會出現**。

由此可見，各個廣告會有多少「成效」，將這個價值可視化，是網路廣告的一大重要主題，因此近年廣受矚目的，就是計量經濟學的其中一個領域「因果推論」，俗稱「效果驗證」。

在網路廣告的領域，以往一直都是讓ＡＩ學習過去累積的龐大數據資料，針對ＡＩ找出的「反應較佳的使用者」和「有相似特徵的使用者」投放相同的廣告。

ＡＩ消化愈多數據資料，預測精準度就會愈高，所以廣告效果照理說會隨著資料的累積愈來愈好。

但實際上，網路廣告可以自行定義效果，用ＡＩ朝著最佳化的方向發展，然而從某個時候開始，這個作法卻行不通了。**ＡＩ選出的廣告目標與實際的效果產生了偏差**。原因在於**網路廣告的自定效果過度最佳化**。

用於控制AI「過度最佳化」的經濟學

「因果推論」是將數據與分析對象相關的知識活用到最大限度，從「結果」推論出「原因」的手法。

在網路廣告方面，會使用這個手法來釐清廣告的「結果（使用者的反應）」，與造成這個結果的「原因（廣告的要素和投放廣告的對象等等）」之間的關係。

比方說，進行「A／B測試」，隨機投放利用廣告生成AI取得的A案和B案，比較兩者的效果差異，大概就能知道「什麼原因會造成什麼結果」。從刊登的內容、廣告標語、看廣告的使用者等等各種觀點進行「A／B測試」，即可推測「投放什麼樣的廣告（原因），才能吸引使用者購買更多（結果）」。再根據這什麼是因果推論？

例如

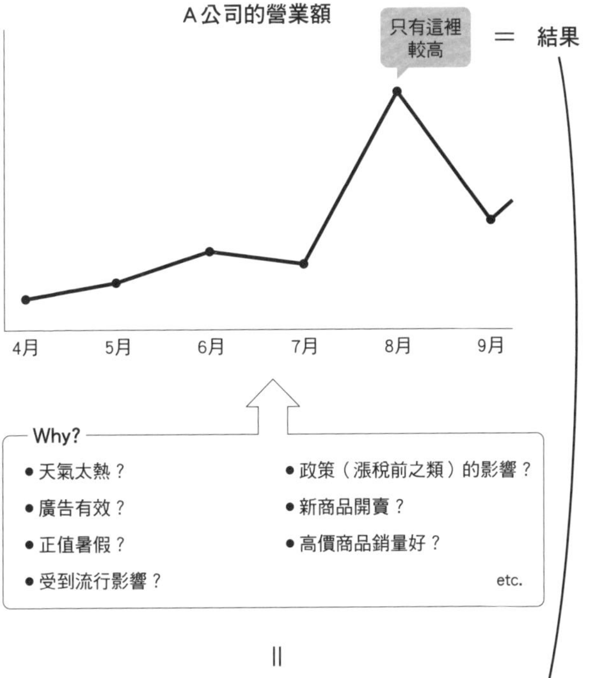

運用經濟學**從數據推論出原因**，可以協助後續改善

個推論來改善廣告推送系統和廣告案，會比參照廣告推送的ＡＩ解析更有可能提高成效（關於Ａ／Ｂ測試，請參照132頁）。

除此之外，由於經濟學始終聚焦在真人的決策和經濟活動上，因此透過各種分析得到的見解和技術，才能影響實際的廣告ＡＩ解析。

ＡＩ提供高精準度的預測，是可以將這個預測活用在各個方面，用於處理極精密任務的技術。但若要用於因果關係的推論和效果的驗證，則需要費心採納經濟學等見解。ＡＩ的研究者和工程師，同時也是數據分析和處理的專家，但原因與結果的分析通常並不屬於他們的專業領域。

所以，這裡要用經濟學的研究成果，也就是用因果推論來彌補這些缺失。

資訊科學和經濟學領域的研究者共同致力於處理一個課題，才會有「效率更好的網路廣告」。

利用「配對理論」滿足所有人的需求，並達到整體最佳化

接下來我要談的是配對理論。**配對理論是研究如何媒合擁有不同期望或嗜好的人，關於有限資源分配方法的理論**。

配對理論的研究權威阿爾文・羅思（Alvin Elliot Roth）曾在二〇一二年藉此榮獲諾貝爾經濟學獎，這個理論在多元的經濟學領域中也是屬於主流。

放眼全世界，很多領域都十分重視「配對」。例如 CyberAgent 公司正在推動行政DX事業，尤其是為了解決近年突然衍生成社會問題的「托育設施的待機兒童」，與

經濟學家共同研究如何活用配對理論。

出現待機兒童的其中一個因素，除了托育設施、托育人員嚴重不足以外，還有一個大原因，就是「想要托育的父母」和「接受托育的設施」沒有順利配對成功。

「待機兒童」的問題不只是因為「托育設施不足」

選擇托育設施時，很多家長都是先從收集資訊開始，像是教育方針、與自家或職場的交通便利度、風氣、評價。方便前往的地點、教育方針、要求的風氣會因各個家庭而異，優先順序當然也會不同。

但是在談這些以前，前提應該是大家都最在意的「是否能夠找到托育設施」。

什麼是配對理論？

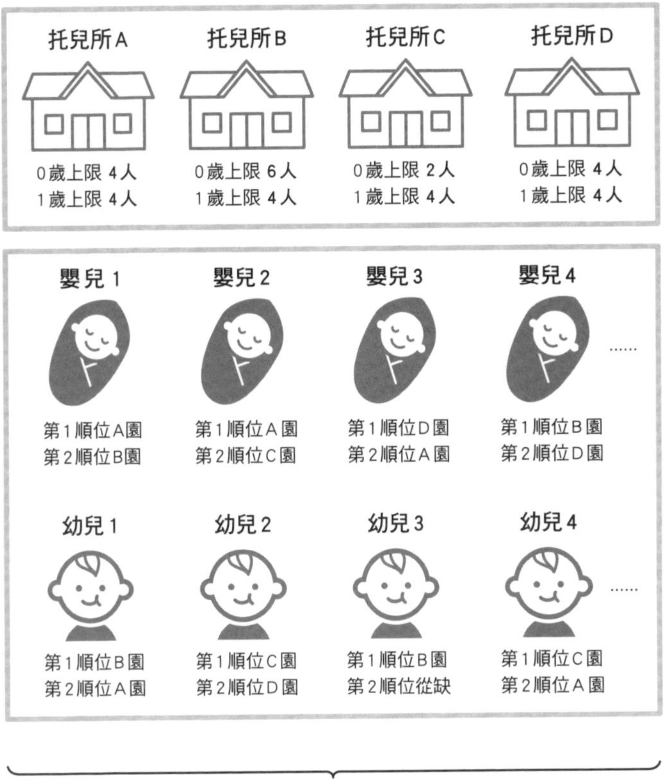

讓什麼人進入哪一所設施才能提高整體滿意度，
找出最公平適當的組合

「聽說那間托兒所的評價很好……但很熱門，要是進不去就傷腦筋了。」

「雖然托兒所的距離有點遠，交通不太方便，但總比沒地方去要好。」

「與其進不去第一順位而被分發，不如一開始就選其他托兒所。」

很多人都是出於這些想法，把「有望進入的托育設施」排在第一順位。

但就算妥協選出了第一順位，也無法保證能順利錄取。如果大多數人都是基於妥協來安排順位的話，那這個決定是否能得到理想的結果，也著實令人存疑。

為了讓所有人都能進入更好的托育設施，需要建構出一套申請方法，讓家長不必考慮「容易入學的順序」，而是都能依照「想入學的順序」來提出申請。

這也就意味著「要提高家長和托育設施的配對滿意度」，而且「設計出更能獲取高滿意度的配對演算法」。

建構這種能依原本的優先順位來申請的手法，就適合運用配對理論。

「資訊不對等」——經濟學的基礎知識就是一大提示

前面談的話題，或許會讓人覺得「但是，托兒所終究是離車站近、評價高的會更搶手，最後還是會有更多人不滿意吧」。

CyberAgent 公司在這方面，也應用了經濟學的**「資訊不對等」**概念。

資訊不對等的意思，就是**所有相關人士已知的資訊有偏頗**。以這裡的案例來說，家長對離自家很近的托兒所、認識的小孩上的托兒所、常去的車站附近托育設施較為熟悉，大多會把它們排在前面的順位，但這些選項未必真的比其他托育設施更符合他的需求。因此，在申請托兒所的網頁上，除了托育設施的文字資訊以外，如果也能刊登電子地圖，讓家長一搜就知道該設施與自家或最近車站的距離，就能改善對家長來說相當重要的「接送便利度」的資訊不對等性。

如此一來，就能逐漸改變家長一直都只能依托育設施的字面地址資訊來安排順序的情況了，更有可能讓每個人做出「對自己最方便的選擇」。

資訊不對等造成的機會損失，涉及的領域比我們想像中的更廣（其他企業案例請參照168頁）。光是從這一點來看，解決資訊不對等的好處非常大。

實際上，CyberAgent與東京都澀谷區、多摩市等處理待機兒童問題的地方機構合作，共同透過「托育設施地圖」的實證實驗、配對方法的改善及效果驗證，致力於提高家長和托育設施的媒合度。

愈是「只要察覺就會明白」的課題，當事人愈難察覺

光是看每一個改善的地方，或許會覺得刊登地圖資訊是很正常的考量。但現實上，要在每天處理待機兒童問題的工作現場發現本質的課題，卻比想像中的還要困難。

正因狀況如此，經濟學的理論和思維，才有助於從原因徹底探究課題。

維持公平原則，同時釐清課題、不斷進行細節的改善。也可以說，**這才是綜觀事物和經濟的經濟學家，能夠發揮其專業能力的地方**。

課題與展望

為了在今後推動「經濟學的商業活用」

聘請學者的企業活用經濟學的方法

在就業市場上，總是不斷上演著優秀工程師的搶人大戰。

為了推動DX和導入AI，各企業都想要積極聘雇工程師。雖然可以明顯看出企業的這個企圖，但是要分辨出「自家公司真正需要的人才」並不容易。

簡單來說，本來就不是「只要聘請優秀的工程師就能解決一切問題」。

比方說，在導入ＡＩ後，看似已經解決的商業課題，在其他領域的研究者看來，經常還是有很多需要改善的餘地。

不論是再怎麼優秀的工程師，一個人能做到的事依然有限。因為**企業面臨的商業課題會愈來愈複雜**。

在經濟學以外也開始需要講求的專業

近年來，企業可以取得的數據資料愈來愈多。數據變多，就可以從各式各樣的觀點分析企業課題了吧，但相對也需要具備各種觀點的專業度。面對某一項課題，開始**需要集結各個領域的專家來探討解決方案**。

這個流程，就像是醫師在治療病患一樣。從多方面收集某位病患的症狀資料，進行各種會議討論，評估出最適合該名患者的醫療方法和照護。這種時候，應該需要擁有不同專業的相關人士共同討論。當然，有些醫院甚至可能沒有該領域的專業醫師。

在醫療現場，為了完全治好疾病，可以選擇轉院動手術，但是在商業實務現場卻沒有這種選項。

然而，負責招聘的人事部應該很難整合工程師的專業領域和商業課題吧。即使他們有這個眼光，要為多個商業課題分別招聘不同專業的工程師，就成本而言並不現實。

既然如此，作為一個企業該如何因應呢。關於這一點，CyberAgent的案例應該很值得參考。

擁有研究團隊的強項

前面已經稍微提過，CyberAgent的經濟學團隊不僅限於公司內部，也會跟外界的研究者共同研究。這個作法可以做到更高度的經濟學商業活用。

此外，經濟學團隊的成員，也跟錄取為儲備幹部的員工一樣會接觸各種專案計畫。這就是他們與「專業職員工」的差異所在，他們會親自前往許多實務現場，提高學識實務運用的可能性。

另外還會在公司裡舉辦各種與數據科學有關的研習活動，也是CyberAgent的經濟學實務運用的關鍵。

課題並不會自己跳出來表明「我就是課題」，若要培育出能夠為了解決課題而行動的人才，第一步就是讓員工養成「發現課題的能力」。不只是數據科學，察覺活用「學識」這個解決課題的方法也很重要，而CyberAgent已經深諳此道。

CyberAgent舉辦的研習，可以讓商務人士也能具備學術方面的觀點，但絕不是要強迫商務人士成為經濟學專家。重點在於藉由培養觀點，理解與學術界的「共同語言」，使雙方的溝通更加順暢。

實際上，CyberAgent經常集合經濟學團隊的成員與商業界人士一同討論。他們會一起談論既有的商業模式，追求其可能性。在這個過程中，會產生商業模式與理論的分歧或別出新裁的創意點子，也能看見研究實證與現實商業的差異。而全新的事物也大多由此孕育出來。

我們總是會在無意間一味地追捧專家，或許還以為他們就是不懂人情世故的一群人。

但是，其實有不少經濟學家觀察的社會眼光十分透徹。他們不會像商務人士一樣，以自己的事業為中心來看待事物，而是以俯瞰的角度客觀看世界，於是產生疑問和不協調的感覺。而由此出發展開的研究，很多都能夠實務運用在商業之上。

在理論與商業之間搭起橋樑

當然，我們還是必須考慮到成本效益，所以就算可以做到實務應用，現實上也未必能夠如願。不過，只要學者與商務人士一同「為實務運用而行動」，就能提高彼此的信賴關係，有助於發展商業。

剛開始或許會有「如何使用現有的數據？」「該怎麼活用數據，讓事業更進一步成長？」諸如此類的問題意識。因此可能會期待ＡＩ這類機器學習提供解方。

但是，「如何判斷」ＡＩ提供的結果，應該就要講求超越數據科學範圍的多元見解和專業了。

滿意目前的結果，或是推測應該能得出更好的結果而不斷嘗試錯誤。這樣就會逐漸建構出能將學識活用於商業的機制。

不管是數據科學還是ＡＩ，都不可能只靠其中一方解決所有商業課題。

不是有一名優秀的工程師就能保證萬無一失，經濟學的商業活用是要靠「團隊」才能逐漸達成。

CyberAgent的應對方式，充分解釋了這個道理。

經濟學是「與AI合作」的強大武器

經濟學活用案例

2

AppBrew（LIPS）

有經濟學背書的「可信度」和「使用者滿意度」

關鍵字

數據分析、數據修正、分級。

活用程度

★★☆

公司內部沒有聘請經濟學家，與外界學者合作。

企業簡介　研發、經營日本規模最大的化妝品評價服務「LIPS」（程式下載數超過一千萬／二〇二三年二月）的企業。主要使用者為十～二十多歲女性，特色是像社群網站一樣，可以對化妝品的評價貼文留言，並使用「讚」、「收藏」、「分享」功能。LIPS內也經營本公司的電商網站「LIPS購物」，以及能將愛好美容的客群評價分析簡化的行銷工具「LIPS for BRANDS」。有許多使用者都會在參考評價後購買商品。主要收益來源是與化妝品公司合作的業配廣告，此外也透過電商確保收益。

根據有假說驗證的決策，開發全新的網路服務，近年從事調查與企畫的廣告製作、廣告刊登、銷售，致力於化妝品及美容業界價值鏈的全面數位化業務。

採訪

堀江慧（董事CTO）、安間瑤耕（LIPS WEB開發負責人）

使用者如何從龐大的口碑評價中，快速找出有用的資訊

二〇一六年創立的AppBrew，企業理念是「依照重現性做出使用者追求的物品」，自二〇一七年開設美妝&美容的評價平台「LIPS」。

二〇二三年三月，LIPS的應用程式下載數突破一千萬。LIPS如今已迅速成長到足以和美妝、美容綜合評價網站「@cosme」（由istyle股份有限公司經營，開設於一九九九年）並駕齊驅。

口碑評價和分級的平台，大致又可分為「刊登受到平台或廠商委託的評論員或專業寫手撰寫的文章」，以及「一般消費者以網站使用者身分發布評價心得文章」。

LIPS是同時從這兩面出發，累積一般消費者「真實使用心得」的評價網站。一般消費者的口碑評價，也會跟評論員的意見一起刊登出來。網站使用者想要的是**中肯的資訊，用來判斷是否購買美妝美容商品**。

為了提供這類資訊，LIPS收集的正是「使用者的真實心得」。只要是網站的使用者，就沒有評論的身分之別，貼文次數不會受限，而且也沒有「評價方式」等規定（但還是有禁止誹謗中傷、著作權、藥事法等規範）。

二〇二三年九月，網站上有評價貼文的商品數目超過十二萬件，評價總數超過四三〇萬件，貼文數量隨著服務的成長而大幅增加，可以在上面看到各種屬性和背景的貼文者發表的評論。

在大量口碑評價中「不知道該看什麼」

「在大量資訊中，使用者該怎麼迅速找到自己想要的資訊，做出滿意的決定呢？」這是LIPS在迅速成長的過程中遭遇的課題，而現在他們會活用經濟學的學識來應對。

大家可以站在使用者的角度想想看。假設你正在考慮接下來要買的東西，於是上網看評價。你本來是想篩選出幾個商品，比較一下評價，但每個商品的評論都多達上萬篇，你會怎麼辦呢？

有大量的評價資訊，代表可以充分認識各種商品，而且值得參考。但是，不管再怎麼有心，也不可能看完所有評論吧。

然而，即使隨便挑幾篇評論來看，應該也很難得到充分的資訊，來判斷「這個商品適不適合自己」，以及決定「要不要買」。「想看適度歸納好的資訊」、「想了解綜合評價」，這些都是使用者對評價服務最強烈的需求。

因此，服務供應商不能只是隨便按順序排列「口碑評價」，**要統計後揭露方便使用的資訊，也就是做好某種篩選**。不過要靠人力統計多達百萬筆的口碑評價，不管是從數量還是公平性來看都不合理吧。

所以，課題就是前面提到的「在大量資訊當中，使用者該怎麼迅速找到自己想要的資訊，做出滿意的決定」。不靠人力的話，**那就需要「聰明的機制」來達到機械式、效率高，且最重要的是命中重點**。

「數據修正」──為什麼不能用大眾平均分數來決定「評價星等」

LIPS的評價，是由彙整使用心得的貼文，與滿分為五星的方式構成。其中可以定量統計的就是「星等」的數據，但是這個部分其實隱藏了一個很大的課題。

如果要「統計星等」，最標準簡單的手法就是「單純算出平均值」。

比方說，某件商品有十個人給予評價。假如其中三人給了5顆星，三人給了4顆星，三人給了3顆星，一人給了2顆星，那這件商品的平均評價就是3.8顆星。

LIPS在服務剛上線時，也是採取這種統計方法。

後來LIPS逐步成長，下載數變多，評價次數增加，內容也更多元化。

結果，**單純的平均值卻漸漸無法充分表現出各個商品的評價差異**。

依照平均值跳出的評價，真的能夠作為商品真正的價值指標嗎？能夠真正的幫助使用者決定是否值得購買嗎？

對於以「平均評價很高」為決定依據而購買的使用者們的滿意度，能夠給出多少保證呢？

這個網站確實公正且適當的發揮了美妝&美容分級平台的功能嗎？

這些都是無可避免要面對的課題意識。

「平均」真的是平等公平的數值嗎？

為什麼單純地計算平均，會得不出正確的評價呢？原因大致可以分成四點。

第一點，是**「每一位使用者認知的星等意義」**。

星星的「數目」的確是定量的，但貼文者「對星等的好壞感受」卻不一樣。不考慮每個人對星星「數目」的標準，只是單純「算平均」的統計方法，並不能收集到正確的資訊。當母數愈多，為了提高資訊的精確度，就需要「適度修正」數據。

LIPS有各種屬性的使用者，他們各自使用不同的商品、發表評價。甚至有人會為很多商品發表評論。在這種狀況下，就會有「平均給予四星以上的大方使用者A」、「只會給二星以下的嚴厲使用者B」，出現每位使用者的貼文傾向。

什麼是分級？

根據評估標準會因人而異的「星等」，
計算出更合理的單一評價

舉例來說，假設大方的使用者A和嚴厲的使用者B，兩人都對同一件商品發表了評價。而他們的評價同樣都是「三顆星」。

這兩個「三顆星」，可以解讀成完全一樣的含義嗎？

鑑於各個不同的評價傾向，A的「三顆星」屬於「較低的評價」，而B的「三顆星」卻是屬於「較高的評價」。由此可見，**一定要做數據修正**。

更在意口碑評價的「新商品」，難以做出適度評價的理由

第二點是**「新商品」**的問題。

化妝品每天都有新商品上市，每個商品剛開始一定都缺乏口碑評價。而在評價很少的時候，一個評價的影響力就會相對較高。

舉個極端的例子來說，如果評價只有一個，而且是「1顆星」的話，該商品的單純平均評價當然就是「1顆星」了。

那麼，這個評價只有一個「1顆星」，導致平均評價只有「1顆星」的商品真的很爛嗎？可能只是這件商品剛好不適合評價者的膚質，也可能是被其他同行找麻煩或是採取祕密行銷。

這樣別說是幫助使用者做決定，反而還扯了後腿，令化妝品公司傷透腦筋。

新商品最好要提供能幫助決策的實用資訊，依照這個想法，就需要**為評價數偏少的商品建立對策**。

除了需要排除祕密行銷以外，在評價累積到某個程度、提高可信度以前，還需要修正成中等評價，以避免評價過度兩極化。

以剛才舉的例子來看，實務上就是藉由一定的演算法來修正成稍高的評價，先讓評價回歸成合理的等級。

如何用經濟學評估「化妝品」的特性？

第三點，是**「美妝&美容類特有的口碑來源多樣性」**。

在美妝&美容領域，廠商通常會免費為網紅提供商品，請對方發表評論。

LIPS雖然沒有禁止業務配合的評論，但若是變成祕密行銷就屬於違法。所以，收到廠商提供的業配贈品，就一定要特別註明。

很難做到「令人滿意的分級」

案例①　評價數太少

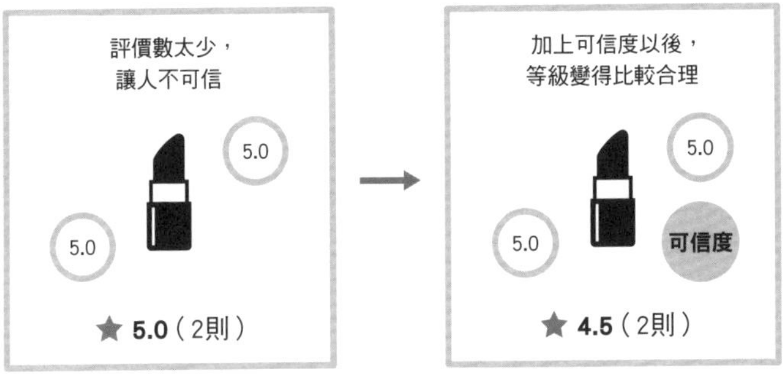
評價數太少，
讓人不可信
5.0
5.0
★ 5.0（2則）
加上可信度以後，
等級變得比較合理
5.0
5.0
可信度
★ 4.5（2則）

案例②　業配品容易獲得高評價

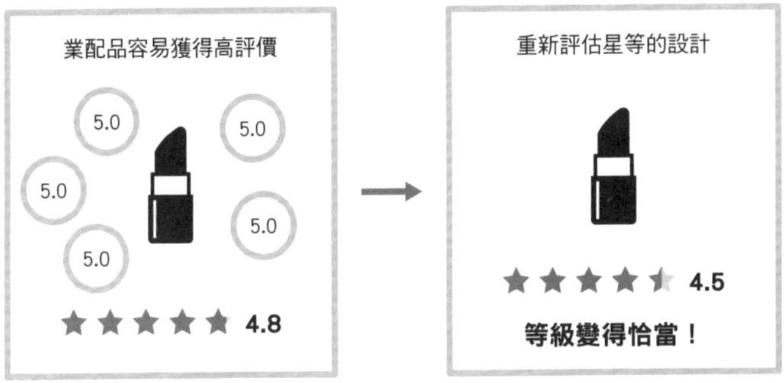
業配品容易獲得高評價
5.0
5.0
5.0
5.0
5.0
4.8
重新評估星等的設計
4.5
等級變得恰當！

不過「試用免費取得的化妝品」依舊屬於非正規的消費行為，所以貼文者大多會以不同於平常的感覺來評價。

有人會「因為免費而產生好感、客氣或顧慮，便放寬評價標準」相反地，也有人是「免費取得＝商品完全不符合自己的喜好，所以評價變嚴格」。

如何查出這種失真的情況並加以調整，也是一項課題。

最後第四點要談的，也是美妝&美容領域最有意思的一點，就是**「整體的口碑評價通常偏高」**。

購買化妝品或美容用品，實際使用而且還會發表評價，會付出這些勞力和時間的使用者，大多是「想跟大家介紹自己推薦的商品、十分熱心的使用者」，因此他們也多半傾向於給四星或五星。

由於在其他領域都會有很多「1星」、「這個商品有夠爛」之類的負面評價，所以總的來說，容易給出好評，可能的確是美妝&美容領域特有的傾向。

無論如何，評論者只要有動力「想要宣傳、推廣自己推薦商品」，就有助於增加評價數。

善意的評價也能讓廠商開心，這當然很重要，但是用中立的立場來看，**「一面倒好評」的資訊一定有偏頗**。如果只能看見偏頗的資訊，使用者就不會察覺商品的缺點，無法作為決定的指標。因此，必須要調整演算法，避免過多好評，也不能有過多負評。

LIPS就是以這種方式，採取統計手法和經濟學的觀點，建構成機制，適度修正「單純的平均值」，讓使用者能在網站上看到實用且合理的商品評價。這可以說是AppBrew流的學識活用法吧。

「分級」——什麼是能讓人接受和信賴的「適度的資訊揭露」？

像ＬＩＰＳ這種分級評價事業，如今已像是某種有權威性的公共服務。很多人在需要做某個決定時，都會看星等或分數，而這個結果也會對商品的銷售量造成很大的影響。

由於ＬＩＰＳ是這樣的服務，所以評價方式就是最「重點」的部分。**使用者和廠商是否能夠接受和信賴**，其根本就在於這個評價方法。一旦遭到濫用，甚至會導致信用破產。

因此，也有不少評價網站會將自己的分級方法視為企業祕密而不公開。

那 AppBrew 對此是採取什麼立場呢。他們最重視的是「贏得使用者的信任」，因此會以「本公司是採取什麼樣的評價方法」、「本次有什麼更新內容」的形式，對外公開自己分級的評價方法。

為什麼要公開作為服務重點的「分級方法」？

為什麼要特地公開「重點」的部分呢？**因為商品的評價方法，已經無法繼續忽視「信用」的觀點了**。

人只要對具有權威性或公共性的事物，稍微產生一點「疑慮」的話，就會表現出否定該事物的排斥反應。到了這一步，使用者和廠商肯定都會毫不猶豫地離開吧。重要的部分完全放在黑箱裡，那使用者和廠商當然就不敢全盤信任了。

實際上，使用者和廠商看待分級手法的眼光也愈來愈嚴格。

多數使用者都會參照每一項商品的各種分級評價，甚至偶爾還會比較同一件商品的不同分級評價，以便做出更好的判斷。於是，他們開始能夠辨識出「這個分級好像可以信任」、「那個分級最好不要隨便相信」、「總覺得很可疑」。

使用者的眼光變得敏銳，所以分級本身「取得信任的門檻」變高了。

另一方面，廠商也會為一個評價而大幅改變商品的銷售方式，看分級評價的眼光比使用者更敏銳。

現在是「問責」這個字眼也能作為社會性用途的時代，所以**「建立並公開能夠保障透明、公平的機制」，才能贏得使用者・廠商真正的信賴**。

不過，揭露分級的評價方法，即亮出「底牌」，也伴隨著風險。

這樣可能會被有心人士駭進系統、竄改商品的星等，而且，嘗試分級最佳化（提供更適合廠商的分級制度）的廠商針對「提高LIPS評價的手法」所做的研究和策略，也可能會讓使用者累積出來的真正評價失真。

但是，AppBrew依然決定公開部分的評價方法，終究是因為黑箱的評價方法會造成使用者的損失。而從長期的觀點來看，他們相信提高對使用者・廠商的信任度，有助於業界發展和公司成長。

適度的評價是孕育好商品的土壤

公開評價方法，除了獲得信任以外還有其他好處，那就是**提高商品價值**。

廠商只要參考公開的評價分數和內容來開發商品，最終就不需要「做出容易得到好評的商品」——利用要小聰明的分級最佳化來操作評價，而是可以做出讓使用者得利的「好商品」，也就是「使用者喜歡的商品」。

將AppBrew所擁有的資訊，導入廠商的商品開發，有助於提高使用者的利益。

換言之，主動公開資訊，也是一種能夠慢慢實現AppBrew願景的構想，也就是讓AppBrew成為使用者和廠商雙方心目中「有價值的平台」。

課題與展望

為了在今後推動「經濟學的商業活用」

公司沒有聘請經濟學家時的學識活用

AppBrew公司裡並沒有聘請經濟學家，但是代表董事深澤雄太先生在就讀東京大學工學部系統創新學科時，就曾經成立新創企業，大多數員工也都有電腦科學或是工學方面的學術背景。

他們之所以能在早期就發現分級的主要課題，也是因為能夠站在學術的觀點，設定出正確的「問題」。而他們能夠為了認真解決這個課題，決定與外界經濟學家共同合作，也是因為與學問、學識的心理距離很近。

由於多數員工都熟讀經濟學的入門書籍，所以**能體會「哪種課題或許可以運用經濟學的學識」**。

不僅如此，促使他們採用經濟學來解決公司課題的，是「Tabelog」的訴訟問題（二〇二二年，連鎖集團主張「連鎖店被以不當手段砍低評價」而控告Tabelog）。雖然Tabelog是美食領域，和LIPS的美妝&美容領域不同，但業務型態都一樣是口碑評價平台。

為了強化LIPS的可信度、提高使用者便利度，不能只是關在公司裡嘗試錯誤。必須借助分級專家客觀、專業的見解來解決課題，否則會導致評價失去公信力。他們以Tabelog的訴訟問題為借鏡，加強公司內部對這種問題的共識。

但是，就算有這個課題，**找研究者諮詢對於新創企業來說，門檻還是相當高**。不同於GAFAM等歐美科技公司或CyberAgent、Yahoo!這些大型科技企業，他們連要聯絡研究室都可能困難重重。

關於這一點，由於AppBrew一開始就有很多學術背景的員工，所以自然而然就能想到「用專業知識來解決公司的商業課題」。

導入學識的重點

活用專業知識最重要的一點，就是**釐清企業的願景或任務，以及課題**。

AppBrew最注重的是「做出能幫助使用者解決迫切問題的平台」。那要做什麼才能達成目的呢，為了找出這個答案，他們同時做了問卷調查並訪問核心使用者，偶爾會進入使用者的交流空間視察，直接汲取使用者對LIPS的意見。

前面提過「在評價累積到某個程度以前，會修正成中等評價」這項工作也是會根據使用者在問卷上提出的意見，分析決定「評價累積到什麼程度後就不再修正」。

光是從這件事便可看出，AppBrew的企業特色就是重視「與使用者的距離」了。重視與使用者的距離、經常接收使用者的意見，讓AppBrew有明確的課題意識。正因如此，他們才有辦法馬上想到要採取分級的專業知識。

你想運用學識做什麼？

如同開頭提過AppBrew的理念是「依照重現性做出使用者追求的物品」，他們共同的立場，就是「使用者優先」。

如果想要追求短期的企業利益，就不會為了與使用者建立關聯，採取問卷和訪問這些迂迴的做法了吧。

使用者只要透過LIPS的網站或應用程式（跳轉到購物網站）購買商品，LIPS就能拿到定額的使用費。想當然，只要讓所有商品都盡可能拿到高評價，就能促使相信評價的使用者消費，於是賺進更多使用費。

但要是這麼做的話，LIPS的分級評價最後就會失去公信力，長期來看，會導致使用者和廠商出走，造成業績下滑。

如今，分級評價這個選擇商品的機制已經具備了社會基礎設施的功能，若是失去公信力，肯定會造成龐大的社會損失。

寫評價的使用者、參考評價的使用者，以及美妝&美容廠商，對所有人來說，LIPS一直都是「有價值的平台」。就結果而言，這有助於AppBrew的長期發展。

因此，他們必須和使用者及廠商建立永續的信賴關係，並解決會對此造成阻礙的課題。

作為一個分級評價的平台，探究並實現「什麼是能贏得使用者信任的好分級」，能助長公司的長期利益——像AppBrew一樣擁有「無法撼動的軸心」，是活用學識、持續成長的重點。

有什麼樣的課題意識，想要藉由解決這個課題來創造什麼樣的成果，想要實現什麼樣的理念。如果想把經濟學當作商業的武器，首先需要確認這些問題是否有明確的答案，而且是否能用話語清楚說明。

如果企業方面無法做好這些準備，學識就毫無用武之地。**學識是個「種類豐富的工具組」，活用的方式取決於企業本身。**

「可信度」的背後一定要有憑有據

經濟學活用案例

3

Sansan

從「業務改善」到「研發自家產品」廣泛的活用方法

關鍵字

CRM（客戶關係管理）、A／B測試的有效用法。

活用程度

★★★

公司內部有專業團隊。

企業簡介　該企業提供銷售數位轉型服務「Sansan」和名片應用程式「Eight」，藉由活數據和科技的組合，讓商務交流變得更活絡，進而改變世界。

「Sansan」是利用獨家作業系統，將透過掃描器或智慧型手機程式讀取的名片和電子郵件簽名、網頁表單的填寫內容，諸如此類與顧客的交集中獲取的資訊，轉換成正確的數據，讓企業內部可以管理、共享人脈資訊。系統內搭載超過一百萬件企業資訊，利用交集資訊的組合來支援高度的銷售活動。

運用交流的力量在商業課題掀起技術革新，試圖以全球前所未見的創意為武器，改變商業的交流型態。在日本國內市場中，包含三井住有銀行、TOYOTA等大型企業都涵蓋在內，使用該服務的企業數目有八千家以上，市占率為82%、連續十年蟬聯冠軍。

近年也推出了作為公司之間交集的帳款單據與合約管理相關的服務。

採訪

小松尚太（技術總部 研究開發部 SocSci 團隊研究員）、西田貴紀（技術總部 研究開發部 SocSci 團隊經理）、新井萬李衣（事業統籌總部 客戶成功部 Customer Success Marketing）、厚木大地（事業統籌總部 客戶成功部 Customer Success Marketing 資深經理）

「公司內的學識活用」有助於提升產品價值的理由

提到Sansan，應該很多人都會想到可以把拿到的名片數據化，上傳到公司內部雲端空間共享的名片管理服務。

「你怎麼不早說啊～！」

該服務在日本也以這句經典的廣告台詞聞名。「Sansan」的簽約數目超過八千件，在企業團體適用的名片管理服務中，該公司的市占率高達82％。除此之外，他們還提供帳款明細管理服務「Bill One」、合約數位轉型服務「Contract One」。

Sansan將自家公司定位成全方位支援企業數位轉型、提供改變工作方式的數位轉型服務企業。而他們的企業理念是「在交流中創新」。

商業是始於「人與人」、「企業與企業」這些有交集的地方，他們相信，能製造出更多交集的地方，會更容易孕育出新的事業與技術革新。

用學識的力量設計「交集」

Sansan提供的每項服務，都可以共享每個人在所到之處與人的「交集」。

企業創立之初提供的銷售DX服務「Sansan」，是將名片數據化、上傳到公司內部的雲端空間，這樣實際取得名片的不會僅限於單一員工，而是將交流的機會拓展至企業的全體員工。

此外，帳款單據和合約也是企業與企業之間往來的物品，就這一點來看，這些東西都是「交集」。「交集」可能會孕育出新的事物。Sansan這家企業就是著重於這個部分，透過專注於人與人、企業與企業「交集」的服務，來支援多家企業營運。

學識在公司內部的定位

Sansan的研究開發部裡設有經濟學團隊，因此多少能輕易想到他們是活用了資訊工程學類的數據科學，才能做到名片數據化，以及由此拓展出的商機。

實際上Sansan認為需要聘請有學術背景的員工，最初的動機就在於「因為將記載了姓名、企業名稱、部門、地址的名片數據化、自動化，而想探索將累積的數據活用於商業實務上的可能性」。

可見Sansan原本就非常注重自動累積名片上記載的個資數據、活用這份數據的商業模式型態，以及管理階層的學識。

但是，Sansan內部實際的經濟學團隊業務和採納學識的方法，在本次採訪的企業當中，或許給人的感覺格外與眾不同。

因為，Sansan是先**活用經濟學來「改善公司的業務」**，接著**根據公司內部的成果，將運用經濟學改善的業務，反映在公司提供的服務**——這就是他們的運用順序。

大致的流程如下。

- 在研究開發部的主導下，活用學識來改善以R&D（Research & Development）為依據的公司內部業務。

↓

- 透過改善公司的業務，將數據活用的案例反映在產品上。

↓

・同樣將顧客視為可活用的產品

↓

・最終邁向客戶成功（Customer Success），促進顧客的利用和活用。

當然，研究開發部的任務，就是活用學識、導入新功能來提高自家公司的產品價值。但是，Sansan的作法是在應用於產品之前，先在公司內部實測。

如此一來，不僅**有助於改善公司的業務**，還能**獲得開發新功能的提示**。而且，**還能確定這是否能作為真正幫助客戶解決課題的產品**。

這是為了讓服務上架成為「能在現場實際使用的產品」，也將公司內部視為研究的對象。

利用「CRM（客戶關係管理）」提高客戶成功

那麼，Sansan是如何連結商業課題和學識的呢。

其範例事件，就發生在二〇二〇年夏季。當時正值新冠疫情爆發初期，客戶成功部產生了某種迫切的危機意識。

Sansan會根據使用狀況，將客戶分成「綠色」、「黃綠色」、「黃色」、「紅色」這四個階段的「健康等級」。綠色代表優良客戶，依序到紅色則是需要提高警覺的客戶。

健康等級一旦到了「黃色」和「紅色」，解約率就會頓時飆升，但是在二〇二〇年夏季以後，解約的企業卻突然暴增。這時必須儘快推出有效的策略，避免更多企業解約。然而，客戶成功部在討論策略時，卻**無法完全掌握確切的因素，不明白「為什麼健康等級會瞬間惡化」**。

因此，為了找出「健康等級惡化的主因」，研究開發部也跟著投入分析。

在進行各種分析的過程中，他們才慢慢發現**「Sansan的手機應用程式使用率」和解約率的關聯**。

有效運用手機應用程式的客戶企業，比不太會使用手機應用程式的客戶企業，解約率更低。既然如此，那要怎麼促使手機應用程式使用者較少的客戶企業，多多使用手機應用程式呢？

此外，Sansan除了主要的名片管理功能以外，還有其他各種附加功能，但分析後

Sansan導入的「健康等級」是什麼？

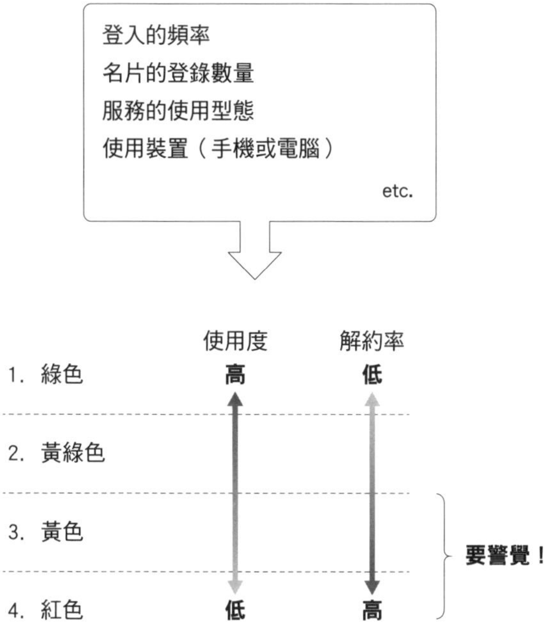

發現這些功能的認知度只停在30%左右。而且，認知度低的功能當中，也包含了「會實際使用該功能的客戶企業，手機應用程式的使用頻率都很高」的功能。

設法提高這種功能的認知度、讓客戶更常使用服務，應該有助於避免解約。因此，他們也一併討論了宣傳附加功能的策略。

該怎樣才能吸引更多人使用應用程式的「新功能」

那要怎麼做，才能吸引應用程式的使用者，使用他們沒發現的「新功能」呢？

Sansan立刻想到一個辦法，就是向舊客戶寄送「行銷電子報」。

他們會針對服務使用者，每個月寄送一、兩封輔助使用郵件，提供「上個月份的更新內容」或「附加功能提醒」這類資訊。除此之外，每週還會寄送一次講座活動相關的通知郵件。

但是，如果寄送頻率超過這個程度，郵件開封率可能就會下降，或是一開始就被擋信。實際上，研究也證實**電子報要是寄太多，反而效果不彰**。大家肯定都曾經覺得自己使用的服務營運商經常寄來的通知郵件很煩吧。

基於以上原委，需要適度控制電子報的寄送頻率。所以，Sansan便開始思考電子報以外的「有效傳播管道」。

除此之外，還需要評估傳播「對象」，找出可能會使用新功能的使用者。因為，「導入該服務後，在公司裡負責管理的人（擁有管理帳號、確認使用狀況等特殊權限的管理員）」，未必等於「在公司裡推動使用這項服務的人」。

在客戶企業裡，誰會推動使用這項服務呢？可能是「某個部門的人」，也可能是「半年內曾使用過某項功能的人」，或者是「服務應用講座的參加者」。**要對客戶企業裡的什麼人做什麼，才能傳遞出需要傳遞的資訊、改變客戶的行為呢**。其實在這方面，要有某種程度的學識累積，稱作**「CRM（客戶關係管理）」**。另外再搭配名為**「MA（Marketing Automation，行銷自動化）」**的方法，就能順利促使目標對象做出預期中的行為。

所以在Sansan，是由研究開發部的經濟學團隊主導，將這些學識運用在「提高客戶成功的客戶溝通最佳化」。

這裡是從應用程式的新功能認知度和使用率切入話題，而與客戶的所有溝通管道——像是「要在什麼時刻、如何引導一年以上未使用服務的使用者，才能促使對方開始定期使用」——也可以廣泛活用這種觀念。

什麼是「CRM（客戶關係管理）」？

那麼，Sansan使用的「CRM」究竟是什麼呢？

詳情已經在我的上一本著作《拋開既定印象，用最新經濟學手法解決問題！》當中，由經濟學家星野崇宏先生解說過了，這裡就不再贅述。

不過簡單來說，這個概念就是——

・比起從零到一（爭取新客戶），不如試著將一提升到十（提高舊客戶的使用率、提高顧客滿意度）。

也可以說是，

・提高客戶的「LTV（Life Time Value／客戶終身價值，即顧客終身可帶來的收益）」，意即不是第一次交易就結束，而是預測可能會有第二次以後的交易來衡量利潤。

每位客戶使用服務的感受都不同，在這個狀況下該推動什麼策略，才能提升客戶的LTV呢。

協助做出這個決策的，就是Sansan活用學識的第一個案例。

如何讓客戶認知他並不知道的服務或商品，並促使他採取行動呢。

Sansan和經濟學團隊共同解決的這個課題，雖然是典型的成功案例，但這當然不是只有Sansan才會遇上的課題。

現在，CRM和MA也是許多企業的商業課題。

雖然這些企業面臨相同的課題，卻還沒有找到解決方案，只會做出短視近利的即時應變。目前，日本依然有很多這種尚未導入學識的企業。

什麼是客戶關係管理？

過去的認知

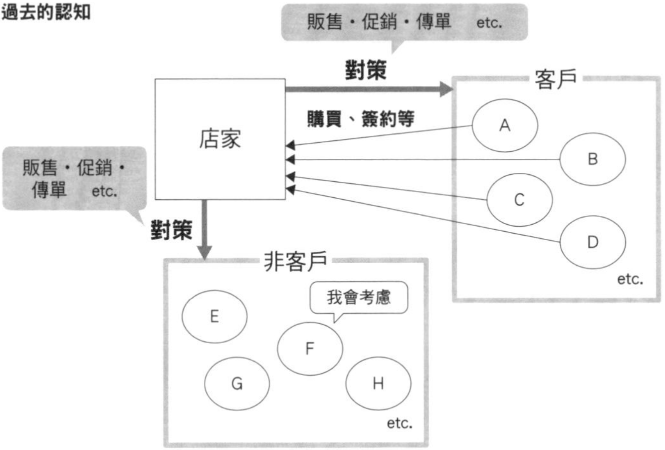

CRM：策略會因客戶（或客群）而異

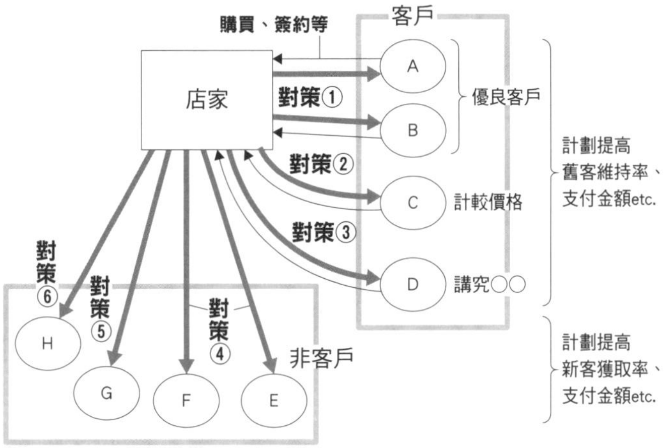

運用A／B測試讓策略效果「可視化」

在這場採訪當中，與CRM有關的具體做法方面，還談到了Sansan的另一個活用學識的案例。那就是**活用「A／B測試」**。

Sansan為了推廣鮮少有人使用的功能（功能α），決定用服務內建的推播通知，來取代行銷電子報。

那要推播什麼樣的內容才好呢。

只要活用A／B測試，就可以調查出什麼樣的通知，會更容易提高功能α的使用率。做法相當簡單。

首先，他們從舊客戶中篩選出受驗企業，隨機分成兩組。一組推播A通知，另一組推播B通知，觀察兩組的反應。假如「A通知的反應良好」，他們就可以決定策略，也對其他客戶企業推播A通知。

A／B測試意想不到的注意事項

雖然做法很簡單，但Sansan在將A／B測試作為商業工具活用時，會注意一件事。那就是**「堅持想要知道什麼、為了做出什麼決策的目的」**。

A／B測試現在已經廣為人知，各種企業都會活用「類似A／B測試的方法」。

這裡之所以特地加上「類似」，是因為站在學者的角度來看，很多方法並沒有滿足A／B測試的條件。

那麼，在商業方面應該也要詳盡設計出學者能夠認同的A／B測試方法嗎，其實未必。如果要將研究結果應用於學術方面，講求測試的形式固然也很重要，但是商業用途大多與學術不同，做出「符合A／B測試的A／B測試」並沒有意義。

假如要做沒有明確目的、不必找出答案的A／B測試，就算票數都集中在同一個選項，也不會知道「為什麼大家都選這個？」

A／B測試並不是單純比較兩個方案的好壞或是否受歡迎，而是一個獲得知識、改變行為的過程。如果沒有明確的目的，這個測試就沒有足夠的意義吧。

為了避免迷失這個目的，最重要的就是釐清「為什麼要做這個測試」。

這個測試是為了達成什麼目標、了解什麼事？

什麼是A／B測試？

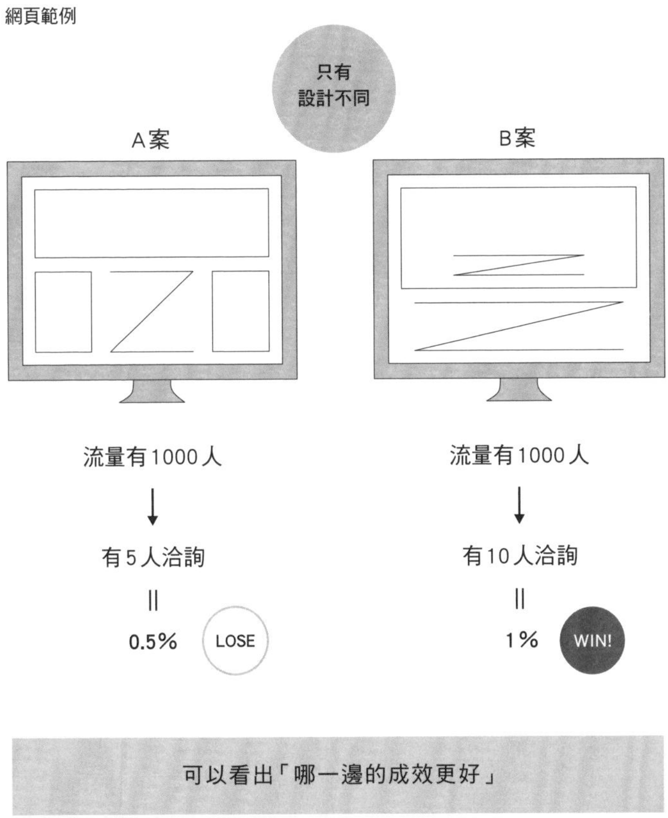
網頁範例
只有
設計不同
A案
B案
流量有1000人
有5人洽詢
0.5%
LOSE
流量有1000人
有10人洽詢
1%
WIN!
可以看出「哪一邊的成效更好」

以前面的例子來說，為了達成「提高功能α的使用率」這個目標，讓**商業・學者之間毫無隔閡地共享**「找出有效的宣傳方法」這個目的意識，就可以設計出適當的A／B測試。

學識是不怕改變、持續挑戰的「根據」

Sansan做的第一場A／B測試，結果對研究開發部的經濟學團隊來說也是個重大發現。

採用A／B測試得出的「更有效」的策略以後，獲得了從測試結果計算出的成果。經濟學團隊當然也做了事前預測，對於A／B測試的設計和效果驗證了解很多，但遲遲沒有「分析企業的活數據，以這個分析結果為前提決定策略」的實際經驗。

也就是說，對經濟學家而言「與商業界合作，讓相關人士參與其中，將學識運用在商業上」是非常難得的機會。這是「無可替代的經驗」，這個經驗的累積，可以逐漸強化組織。

現在，Sansan在R＆D十分重視「知行合一」的價值觀。

學者若只是擁有豐富的知識，容易變成「光說不練」，所以一定要注重**透過「實踐」建構出未必最佳、但是有用的策略**。

細分課題，累積小小的成功經驗。在這個過程中發生的任何事，**就連「犯錯」也都能引以為鑑**。若是出了小錯，就能衡量以後該怎麼辦（繼續改善，還是放棄）。這一連串的經驗，可以帶來創新。Sansan就是以這種價值觀為根基的組織。

為了在今後推動「經濟學的商業活用」

能基於各個立場協調意見的文化

Sansan的一大優勢，就是公司裡設有經濟學家隸屬的部門。

不得不說，尚未活用經濟學的企業很難效仿這個體系。不過，依照Sansan的作法，還是有很多精髓可以現學現用。

比方說**「協商環境」**。我在採訪Sansan時，可以感受到他們建立了一個能讓客戶成功團隊和經濟學團隊，隨時都能討論商業課題的環境。在「是否活用經濟學」以前，大多數企業還**可以藉由整頓公司裡的溝通體制，得到很多好處**。

那Sansan是怎麼培育出超越部門和立場的隔閡，能夠自由豁達地交換意見的企業文化呢？聽說，他們全體員工都會加入即時通訊軟體（Slack），這裡就是員工之間熱烈交流溝通的場所。

當某個產品部門推出新功能後，會先讓公司裡所有部門一起試用。大家將感想和意見發表在Slack上。而關於這項新功能的貼文，光是一天就有十幾篇也不足為奇。

在這個平台上，不論是產品製造、業務推銷、儲備幹部，還是研究開發的員工，沒有職種的區別，每個人都可以隨意發表意見，透明性很高。彼此可以肆無忌憚地交換意見，及早共享課題。**不同職責的人，能夠為了解決同一個課題而互相提出各種點子**。

只要改變研究方式，就會得到各種解決課題的方案。經濟學就是其中一個研究方式。

此外，採訪中也談到Sansan有「集結各自發揮的優勢」、「合作無間」的企業文化。「尋找能人所不能者」、「不吝於付出自己的能力」這個共同的心境，就是公司內部風氣的根本。

將經濟學納入商業實務的挑戰，也是源自於這種心境、一路培養而成的吧。

沒有活用學識的理由①「缺乏互相理解」

雖然Sansan內部提供能自由豁達地討論的環境，但是在積極活用學識以前，就是在二〇二〇年夏季以前，公司裡對積極活用學識的認知度還非常低落。

因為，當時研究開發部的焦點，原本是放在開發產品的新功能。所以，雖然「公司裡有研究開發部」，但當初並沒有共同合作的專案，大多數員工都跟研究開發部沒有交集，總是先入為主覺得公司裡「有一群好像很厲害的人」。

而且，他們也沒有共識「經濟學是解決課題的工具」。儘管都在同一家公司，兩者的距離卻稱不上親近。

在這種狀況下，客戶成功團隊和研究開發部是怎麼合作的呢。

先有動作的是研究開發部（經濟學團隊）。

由於這個團隊隸屬於公司，即使身為研究開發部，也做好了可能需要處理商業課題的心理準備。實際上，解決商業方面提出的課題，才能讓Sansan這項服務和公司本身向上成長。

此外，Sansan原本貫徹了OKR（Objectives and Key Results，目標與關鍵結果）的管理方法。這套方法每三個月更新一次，所以他們都會想著「三個月內能做到什麼」、「這件事要在三個月內達成」。於是員工平常也都會注重要「擁有共同目標」。

因此，他們便從「找出課題，深入理解並共享該課題」這一點出發了。

不論研究開發部再怎麼等待，商業界的人士都不會直接找他們商量課題。既然如此，經濟學團隊採取的行動，就是徵詢員工的意見。他們花了大約兩個月的時間，徵詢了六十名員工的意見，安排了可以直接對談的場合，另外也努力與大家**共享課題意識**。

就在超越部門的連結逐漸形成之際，客戶成功團隊的心理障礙已經消除了不少，蘊釀出**能夠坦率協商的氣氛**。

在這個過程中，前述的客戶成功團隊面對的課題「提高認知度低的附加功能使用率」，也就成為研究開發部的共同課題了。

沒有活用學識的理由②「未建立信賴關係」

經濟學團隊加入客戶成功團隊以後，探討的課題是「提高認知度低的附加功能使用率」，雙方討論的是

- 是否要發送推播通知，來宣傳「還鮮為人知的便利功能」
- 為了有效運用推播通知，是否要先做「A／B測試」

這就關係到前面提過的「A／B測試」。

然而，在產生「來試試看」氣氛的同時，產品部門內其實也對此有疑慮。這個疑慮是來自於「UX（User Experience，使用者經驗）」。推播通知或許能夠有效提高認知度，但也可能會被使用者當作常見（又容易惹人厭）的應用程式內部廣告。如果推播通知會降低原本的UX，那就本末倒置了。

而且理所當然，做完A／B測試未必能馬上得到證明。這就代表，研究開發部也是在憂慮中進行測試。

如果第一場測試沒能得出有用的結果，要將學識活用在Sansan內部的事業可能就會變得困難重重。正因為各部門尚未處於團結一致的狀態，「一定要成功」的念頭才會如此強烈。

也因為有這段原委，雙方才會想要進行嚴密的溝通。

並且，他們還慎重地做了下列準備，才實施「A／B測試」。

- 做好「要通知哪些附加功能」、「要選擇哪些舊客戶作為受驗企業」、「用來比較的通知文，要著重於哪個部門的使用者」、「什麼時候要推播」等調查設計。
- 釐清短期目標，要確定透過這場「A／B測試」和推播通知，達到什麼樣的狀態才算是「成功」（希望藉由通知提高多少使用率）。

而後，他們由此開始實施了更大範圍的推播通知。

那結果怎麼樣了呢？

簡單來說，他們利用這個通知，成功達到了短期目標。

可以先嘗試以後再思考

這第一次成功，並沒有在達成短期目標後止步。

對經濟學團隊來說，**在將學識應用於商業的過程中，能夠有所覺察**，而且也有助於**增長今後繼續投入這項工作的信心**。另一方面，不只是客戶成功團隊，Sansan全體員工都因此**重新認知到將經濟學運用於商業實務的價值**。

結果是最有力的證明，是結果建構了他們現在順暢的合作關係。

第一場A／B測試的成功，正是有客戶成功團隊和經濟學團隊，在共同擁有的明確目標上團結一致、認真投入才能達成。如果客戶成功的業務「全權交給」經濟學家處理，恐怕根本就不會成功吧。

不僅如此，這次成功也使得負責其他產品的團隊，開始有意嘗試A／B測試。對經濟學團隊而言，也可以獲得更多機會。

可見，**商務人士與經濟學家密切地溝通交流、擁有共同的課題和目標意識，學識才能發揮作用**。不論課題的種類是什麼，對其他考慮活用學識的企業來說，這都是非常值得參考的案例。

商務人士需要認知到，經濟學家終歸是「經濟學的專家」，並不是「精通商業的能人」。不是「交給經濟學的專家就萬無一失」，而是需要向他們清楚表達出「問題是什麼」、「想得到什麼樣的結果」。

當然，也不是在經歷這些過程後運用學識來評量，就能保證提出的對策都順利無虞。需要嘗試錯誤的案例還是很多關於這一點，Sansan研究開發部的共識，就是「只要有助於找出有用的策略，就沒有所謂的『失敗』」。

不斷嘗試，找出改善的要點作為下一次的借鏡，逐漸接近核心。因為公司裡建立了有經濟學團隊的優良環境，才能根據這個認知來推動學識的活用。

很多企業都重視「不怕改變、大膽創新」，若這個想法能夠融合學識，就有可能**提高命中率**。

不要只是依靠長年的直覺和經驗，要以學識為根據，「不畏變化、持續挑戰」。能夠做到這一點的企業，無論社會環境再怎麼嚴苛，也能突破重圍、獲得更好的發展。

超越不同立場的溝通交流才是改變與挑戰的起點

經濟學活用案例

4

Due diligence & Deals

活用經濟學達到收益最大化與同業的差異化

關鍵字

拍賣理論、解決資訊不對等、避免工作屬人主義、CRM（客戶關係管理）。

活用程度

★★★

公司裡沒有經濟學家，招聘外界學者擔任經濟學家。

企業簡介　Due diligence & Deals是經營不動產拍賣的企業。活用根據學術理論設計的拍賣機制，會依狀況運用銷售方式（拍賣手法），嘗試賣出更高的價格。為了設計拍賣制度、分析和驗證數據而招聘經濟學家。

採訪
山本高廣（董事長）

該怎麼決定商品的「合理價格」？

Due diligence & Deals經營的是不動產所有者的不動產諮詢顧問事業，以及不動產拍賣事業。

該公司的顧問責務，是幫身為「不動產所有者」的客戶創造最大收益。這項責務聽起來十分簡單，但是該公司表示考慮到這項責務的本質，其實做起來非常困難。

為什麼將不動產所有者的收益最大化會很困難？

因為**要定義「怎麼樣才能算是最大收益」本來就很困難**。

當客戶來諮詢不動產的出售事務時，該公司會進行市場調查，提出銷售手法和過程等方案。此時也會一併提出預估的銷售價格，但是以這個價格售出就算是「最大收益」嗎，還是只是向客戶展示「最佳銷售條件」呢。在活用經濟學以前，該公司就已經具備了這種課題意識。因此，他們採取的是屬於經濟學領域之一的**「拍賣理論」**。

作為經濟學其中一個領域的「拍賣」

聽到「拍賣」，應該很多人都會聯想到拍賣網站。現在各個業界都理所當然會利用拍賣來銷售物品。

如果有很多人想搶購同一件商品，讓「出價最高的人」買下也是天經地義。

因此，或許很多人會以為拍賣這個方法是自然而然形成的機制。

但是，這個拍賣方式，是研究長達六十年以上的傳統經濟學領域之一。拍賣包含了多種方式，**依「銷售物品」、「銷售目的」選用不同的方式，收益和買方身分都會截然不同**。

哪個方式有哪些特徵？什麼樣的財貨（在這裡就是指不動產）適合什麼樣的方式？什麼方式可以創造最大收益？關於這些問題，都有龐大的研究結果。

活用這些龐大的研究結果，就是Due diligence & Deals採取的手法。

如何決定不動產買賣交易的價格？

在詳細說明Due diligence & Deals活用經濟學的手法以前，我要先來談談日本主流的不動產交易模式。

日本的不動產買賣，大多是採取「直接交易」。

如果想賣掉自己的不動產，也就是有意出售的人（賣方）要先提出「目標售價」和各項條件。考慮購買的人（買方）則是根據這個目標價格和各項條件，個別與賣方交涉、考慮是否購買。

只要買賣雙方達成共識，賣方決定「依買方的目標買價出售」，買方就能買到該不動產。

雖然買方會根據賣方提出的價格和各項條件來交涉，但通常不會輕易「依目標售價買入」。即使以低於目標價格的售價交易成功也不稀奇。而負責處理交涉過程，就是不動產仲介業者的職責。

請大家記住，這種交易最大的特色，就是**「賣方先提出『欲出售的價格』」**，接著**「個別與有購買意向的買方議價」**。

相較之下，Due diligence & Deals的不動產拍賣，是由「所有考慮購買的人」一同提出目標買入價格來競價，最後由出價最高者得標。如果願意出比前面提出的價格更高的金額購買該不動產，這些買方就可以多次投下新的目標買價。

這個手法就稱作**「升價式」拍賣**。

除此之外，不動產業界還有另一個知名的方式，就是在法院舉辦的**「競價拍賣」**。競拍時，「考慮購買的人」只能在期限內各自下標一次，特色是目標買入價格不會透露給其他「考慮購買的人」。而在期限截止後，會同時公開每個人的期望買入價格，由其中出價最高者得標。這就稱作「第一價格密封拍賣」。

不動產業界會像這樣採取多種不同的銷售方式。

不動產的銷售方式1（直接交易和競拍）

① **直接交易**：只要條件不符合，就會尋找其他潛在買方、重新交涉。

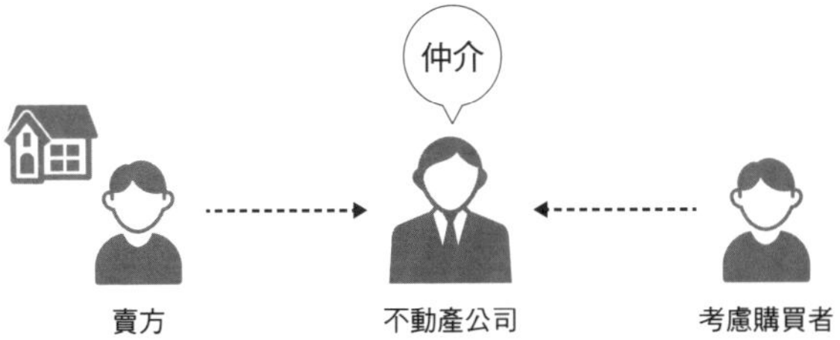

② **第一價格密封拍賣（競價拍賣）**：價高者得

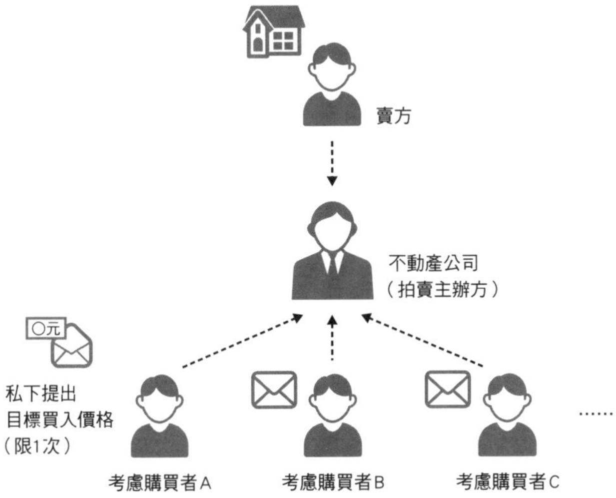

泡沫經濟瓦解後，日本面臨的大混沌

那為什麼Due diligence & Deals不是採用「直接交易」，而是用「拍賣」出售呢。我們就依照他們導入學識應用的背景來看下去吧。

大家都知道，日本在一九八〇年代末期經歷了「泡沫經濟」。當時的股市雖然也大漲，但最誇張的終究還是房價。

泡沫經濟之後瓦解，不動產價格暴跌。九〇年代以後，不良債權的處理令人吃足了苦頭。經濟狀況非常混亂，尤其是不動產市場，直到九〇年代後半依然混沌不已。

在當時的日本，已經投入不動產業界的董事長山本先生，對某件事產生了疑問。

「日本的買賣主流是直接交易，但這真的能為賣方創造最大的收益嗎？倘若真的達到收益最大化，不良債權應該會更早處理完畢吧？」

這裡特別提到「日本」，是因為將美國納入了考量。**當時的美國，是用拍賣的方式處理不動產的不良債權**。為什麼日本沒有活用拍賣的方式呢？

尤其是在這個時期，在金融機關主導下盛行的「出售不動產以回收債權」，面臨了許多課題。

在「直接交易」中基本目標就是售出。

首先，賣方或是持有該不動產擔保物權的金融機構，會提出可出售的價格。但是在暴跌的不動產市場上，不會有買方接受期望（可能）出售的目標售價。但就算提出明顯比這個價格更低的售價，也無法保證賣出。

債權者和債務者之間未能協調售價，無法如願回收債權。結果就是許多不動產逐漸套牢。

為什麼價格會談不攏呢，一個很大的因素就在於「直接交易」這個機制，買方每一次都要評估賣方提出的價格並議價。

在直接交易中，不一定能判斷當下可能的買賣價格是否符合最高評價。

如果要採取「直接交易」以外的出售方式，就是和金融機構競拍同樣的「第一價格密封式」拍賣（下標）。

但是，即使透過下標決定了最高價格，之後還是可能會有人表示「我願意出比得標價更高的金額購買」。

競拍明明是為了找出最高評價，其結果卻無法使人信服。

於是，不動產價格就會失去控制，淪為黑箱作業。

「商品正確訂價」比想像中困難

追根究底，「商品的合理價格」其實也令人摸不著頭緒。尤其是獨一無二的商品，買方並不會知道其他考慮購買的人最高願意出價多少、真正的評價價格是多少。所以，不只是賣方，買方也不清楚「多少才是合理的價格」。

假設你想要那棟房子，就算你心想「我願意出一億日圓買下」，但是腦海中閃過了一個念頭：

「等一下，其他買方對那棟房子的評價可能沒有這麼高。」

於是你便降低了自己的目標價格。接著，你的想法就會變成「雖然我很想要那棟房子，但我不希望只有我的出價特別高」。

改變銷售方法，商品價格就容易變動

另一方面，如果是山本先生採用的「升價式」不動產拍賣，就能輕而易舉解決這個課題。

首先，「賣方」會同時向所有「考慮購買的人」揭露前提條件和不動產資訊。「考慮購買的人」再根據這些資訊，斟酌買入的目標價格並陸續下標，之後看到其他考慮購買的人下標的價格，若是有意開出更高的價格購買，就再下標更高的價格即可。其他考慮購買的人也同樣會看競標狀況，判斷是否要用更高的價格購買。直到再也沒有人下標以後，就會以最後下標者提出的價格結標。

最後，「考慮購買的人」當中，開價最高的人就能買到商品。

如果採取這個方式，**就能透明、公正地找到願意給出最高評價的買方**。

拍賣可以決定物品的合理價格

Due diligence & Deals是怎麼舉行拍賣的呢。

假設有一棟需要出售的不動產。於是他們根據過去累積的不動產業者資料庫，篩選出可能有意購買的候補人選。配合各個待售不動產的特性，列出候補名單，直接向每位候補人選提供詳細資訊，包括該不動產的詳細資料，以及該不動產的拍賣相關資訊（拍賣日期、拍賣規則等等）。

拍賣會在網路上舉行。考慮購買的人會在拍賣當天到線上拍賣會場集合，從底價開始競相出價，最後決定出得標價。

這個部分的機制基本上跟網拍平台和藝術拍買會相同，非常簡單。

其實，就算不知道拍賣理論，還是可以舉行拍賣。實際上Due diligence & Deals在二〇一八年以前從未考量過拍賣理論，都是以自己的方式舉行拍賣。

雖然這個過程並沒有發生大問題，但山本先生似乎一直都對以自己的方式存疑。

「我真的能拍著胸脯保證，現在採用的拍賣方式符合最好的出售條件嗎？」

「我能以什麼根據來說明自己滿足了公正的不動產買賣條件？」

他需要判斷的基準和根據，來驗證是否真的解決了當初意識到的商業課題。

因此，他才發現作為經濟學領域之一的拍賣理論。

於是他去拜訪經濟學家，商量目前的課題。結果，他將過去累積的不動產拍賣交易數據結合了經濟學，和經濟學家一起設計出最佳的拍賣制度。

不動產的銷售方式2（升價式拍賣）

③ **升價式**：最後由出價最高者成為買主

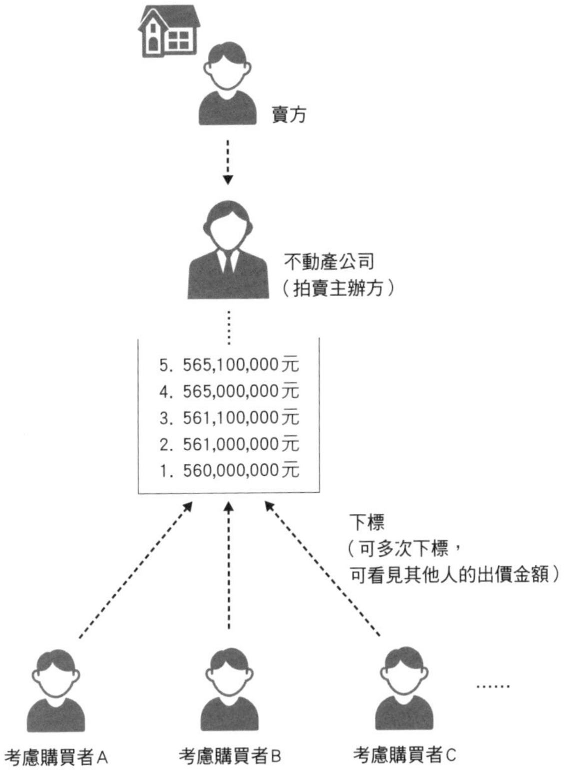

由此可見，如果想藉由導入學識，**精密地設計出更公正的拍賣機制，就需要縝密的數據分析**。

拍賣理論所孕育出的重現性

Due diligence & Deals藉由導入學識，重新評估了拍賣的規則和程序。

這當中有兩個重點。

第一，只要按照固定的程序進行，**任何人都能重現（經營）**可導出最高評價且公正的不動產交易（詳情參照174頁）。

第二，要**能夠清楚說明**導出「最佳出售條件」的**規則**。

拍賣理論以各種形式，定義了怎麼舉行拍賣可以滿足最好的條件，以及如何保證公正性。

因此，即使客戶詢問：

「這樣真的能賣出最高價嗎？」

「為什麼這個銷售方式是最好的出售條件？」

也能回歸原始的理論來為客戶說明。有了學識作為根據，就不需依靠「結果取決於自己的誠心誠意和努力」這種精神主義，而是可以說出合理的邏輯。這一點，肯定有助於說服賣方。

通常沒有不動產公司能夠充分說明自己的作法。所以這樣**可以與其他公司做出差異化，提高自家公司在身為不動產所有者的客戶心中的企業價值**。Due diligence & Deals認為，這就是經濟學才能得到的效果。

用銷售方法解決「資訊不對等」

然而，「以最高價出售」聽起來完全是賣方利益至上，給人壓榨買方的印象。

確實，透過不動產拍賣交易，可能會用比「不動產的一般行情價」更高的價格得標。但要說拍賣一定會讓買方付出不合理的高價，那就大錯特錯了。

其實，透過「直接交易」以「不動產的一般行情價」買入的話，買方經常還需要付出售價以外的其他費用。

這是怎麼一回事呢？

在「以最高價格出售」狀況下的買方優勢

「直接交易」的特性，是雙方只要談好價格，交易即可成立。

所以，為了**「先馳得點」**，必須設法向房屋仲介業者取得未公開的資訊，或是讓對方願意優先介紹優良的物件。這方面需要花費不少成本。

而且，這筆費用是無關「最後是否能成功買下」的必要支出。

換句話說，**房屋仲介業者和考慮購買的人之間有「資訊不對等」的情況，除非考慮購買的人平常願意花相應的時間、金錢成本去彌補這個不對等，否則根本就不可能以「不動產的一般行情價」買到。**

營造出單純以「最高價格」競爭的場合

如果是舉行升價式拍賣，好處就是可以儘量集結更多考慮購買的人，並且盡可能公正提供相同的資訊。因此，考慮購買的人不需要花費前面那些「成本」，可以單純以自己的目標買入價格競標（但Due diligence & Deals的不動產拍賣參加資格，現在主要僅限於從事不動產業的買方）。

而且，如果「直接交易」時需要的成本，可以全部直接包含在「不動產的目標買入價」裡，買方付出的成本就不會改變，也能為賣方創造最大的收益。

也就是說，該公司思索買賣雙方最能接受的方式，最終得出的答案就是升價式拍賣。

什麼是資訊不對等？

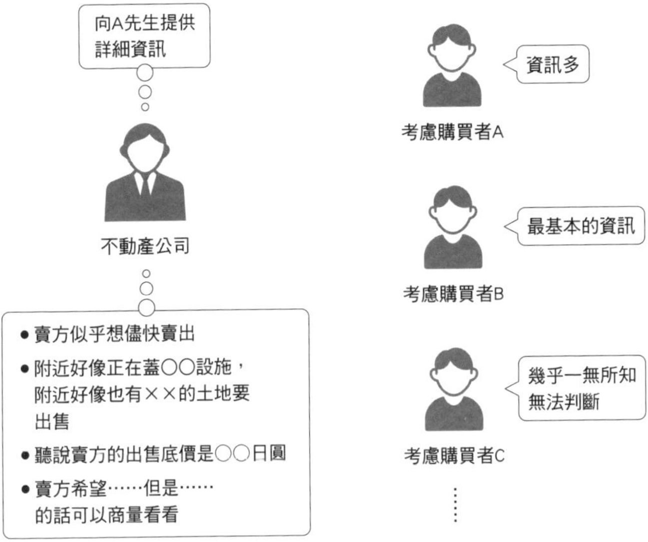
向A先生提供
詳細資訊
不動產公司
●賣方似乎想儘快賣出
●附近好像正在蓋○○設施，
附近好像也有××的土地要
出售
●聽說賣方的出售底價是○○日圓
●賣方希望……但是……
的話可以商量看看
資訊多
考慮購買者A
最基本的資訊
考慮購買者B
幾乎一無所知
無法判斷
考慮購買者C

每個人獲得的資訊量不同
就無法做出正確的判斷

避免「工作屬人主義」

在日本的商業實務現場，很多事情都是靠「來自屬人知識和經驗的技能」來進行跟推動。但Due diligence & Deals的不動產拍賣擺脫了這種狀況，成功實現了高重現性的交易方式。

話說回來，「來自屬人知識和經驗的技能」是什麼意思呢？

為什麼工作屬人主義很危險？

以「美髮師」為例應該會比較容易想像。美髮師的剪髮技術就具有屬人性（專屬於一人）。而客人大多不是認同企業或店家，而是認同自己找到的美髮師。當一位優秀的美髮師跳槽去其他髮廊後，該人才的技能和顧客通常都會一併跟著轉移過去。

這種**「來自屬人知識和經驗的技能」該如何轉化成全公司的資產呢**。

這應該是所有行業都會面臨的課題。

另一方面，在有特殊技能的個人看來，讓公司所有人共享「來自屬人知識和經驗的技能」一點好處也沒有。除非對公司滿懷感激或忠心耿耿、團隊意識強烈，否則擁有自己的專屬技能，在公司裡創造頂尖的業績會更方便吧。

公司在主力成員離職後一併失去技能，諸如此類的案例總是層出不窮。

實際上，日本的不動產市場就是由熟悉業界、經驗豐富的人所建立而成。

尤其是不動產仲介業者，勞務酬勞大多是採取「抽成制」，意思是「依不動產交易的成交價按比例抽取佣金」。因此，不動產業務員才會想要獨占技能「不想將這個祕技透露給別人」。

這個想法**從企業成長的觀點來看，會形成弱點**。只要失去了這個人才，就等於一併失去了技能，必須重新開始累積。

「重現性」有助於擺脫「工作屬人主義」

前面談過，Due diligence & Deals透過經濟學的活用，孕育出不動產交易的重現性。具有重現性，就代表**「不管是誰來做都一樣」**。

工作屬人主義會阻礙重現性

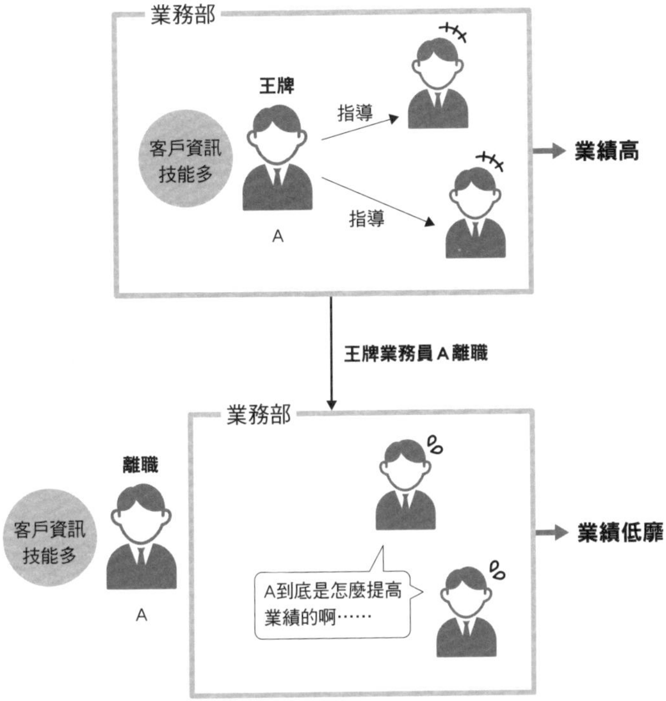

簡單來說，有制度設計的拍賣方式，不需要依靠「不動產業界老鳥的優勢」。只要按照程序去做，就能輕易達成透明性高又公正的交易。

而在聘雇人力時，也沒有必要非得招攬擁有豐富的業界知識和經驗的老鳥，也就是累積了屬人技能的人才。只要有做好制度設計的拍賣方法，「沒有任何技能的新人」、「零經驗」就不再是弱點了。

其根源不在於「個人技能」，而是「藉由數據分析找出的拍賣機制（要採用哪個拍賣方式、如何決定起標價等等）」。

也就是說，**源自個人經驗的意見和直覺不再有影響力，資深員工和新員工都一樣有能力來解說不動產拍賣的原理**。

在容易仰賴直覺、經驗、膽識的不動產業界，由**「問責」**衍生出的**客戶接受度**，也成了Due diligence & Deals獨特的價值。

利用考慮業界特性的「CRM（客戶關係管理）」實現永續成長

要實現企業的永續成長，與客戶建立良好的關係，以企業的身分提高客戶的LTV（Life Time Value／客戶終身價值）也很重要。但是，不動產業界是很難提高LTV的業界之一。畢竟要遇到「想賣房子」的所有者，本來就不是容易的事。

雖然有些不動產仲介業者，會與不動產管理公司等不動產所有者合作，但這並不代表隨時都有待售的不動產。對不動產業來說，要與單一客戶（不動產的賣方）永續、定期買賣交易是很困難的事。

然而，每次都是一對一尋找不動產賣方的做法，**會導致業務成本不斷上漲**。加上少子高齡化的趨勢加速，在中長期來看人口勢必銳減的日本，今後**不動產交易的絕對數量將會持續減少**。這就是不動產業無論在哪個地方，處境都十分嚴峻的緣故。

不隨便開發新客戶

那Due diligence & Deals是採取什麼樣的銷售策略呢？

該公司的交易對象都有個特徵。主要的交易對象並非個別的不動產所有者，而是受託管理客戶的稅務和資產的師字輩（會計師、稅務師等等）。

會計師、稅務師的業務項目之一，就是建議客戶管理和運用資產的方法，也經常處理各式各樣的「資產」。除了現金、證券、保險等金融商品以外，藝術品、不動產，近年甚至還有虛擬貨幣的諮詢案件。對於愈來愈多樣化的資產，各位會計師和稅務師雖然都是師字輩，但並不代表已經掌握所有領域的知識。當然，他們光憑自身的知識，能做到的管理和建議還是有其限度。

因此，Due diligence & Deals在不動產相關的部分，會與這些師字輩一同處理。當然並不是所有諮詢案件都與出售不動產有關，但是與開發新客戶的成本相比，這樣做的效率高得驚人。

此外，前面也談過，有重現性的不動產拍賣已經做好了制度設計，所以一旦需要出售不動產時，也能做到讓賣方心滿意足。該公司透過賣方的滿意度，得以與介紹的師字輩維持良好的關係。

他們不是與「不動產所有者」本身，而是**主要與「連結了不動產所有者的師字輩」交易，即用LTV的觀點來看待師字輩**。正因為不動產業界有特殊的背景，考量這兩點才會如此重要。

課題與展望

為了在今後推動「經濟學的商業活用」

和經濟學家一同創造出接受度更高的買賣交易

Due diligence & Deals選擇聘請經濟學家當顧問，以學識為不動產拍賣的交易方式設計制度，提高客戶的接受度和滿意度。

不過，他們也料想到並非所有賣家都能接受「出售條件」。

不論制度設計得再怎麼精密，若是無法充分說明手法和過程，就可能會失去客戶

的信任。利用設計好的制度，提出能讓更多委託者接受的銷售方案，是該公司的職責，也是今後的課題。

事實上如果不考慮168頁「資訊不對等」所花費的成本，還是容易以「高出行情」的價格成交。今後，考慮購買的人會怎麼看待這個方式，可以說是有經濟學背書的拍賣事業成長的關鍵。

為了擺脫屬人主義的商業模式

如今在不動產業界，依舊是屬人主義、採取推銷電話和傳真等人工手法的企業占了大多數。但是在這個「不確定的時代」，今後會更講求**營造出讓買賣雙方都能做出有扎實理論基礎的決策的環境**。

接觸到研究「拍賣」的經濟學家，為Due diligence & Deals今後的策略帶來很大的優勢。詳情會在222頁談到，但若是想在自家公司的事業上活用經濟學，要遇到該領域的研究者也不是那麼容易。

不過，如果幸運遇到合適的學者，就能大幅拓展事業的可能性。Due diligence & Deals為了提高拍賣的制度設計精準度，也分析了過去考慮買房者的資料、出價數據、各個不動產交易相關的市場資料。**累積每一位考慮購買者的傾向數據，也有助於提高拍賣制度設計的精準度**。

和經濟學家一起分析、活用數據，**能夠持續思考瞄準時代趨勢的「未來發展」**，也可以說是與經濟學家合作的成果吧。

該怎麼將屬人主義的祕技變成公司的財產？

經濟學活用案例

5

Deloitte Tohmatsu

為了與客戶建立信賴關係、釐清課題與提高企業價值的經濟學

關鍵字

課題言語化、EBPM（Evidence-Based Policy Making／循政決策）、ESG。

活用程度

★☆☆

各自學習經濟學，並應用於業務。

企業簡介

Deloitte Tohmatsu集團是擴及全球超過一百五十個國家・地區的國際會計師事務所Deloitte（德勤）的日本事務所，提供審計・保證、風險管理、專業顧問、財務規劃、稅務、法務等服務。

其中的審計法人Tohmatsu有限責任公司（以下簡稱「審計法人Tohmatsu」），是日本

的大型審計法人組織，為四大審計法人之一，提供會計審計、支援公開募股、風險管理、支援公司治理等服務。公司成立於一九六八年，業務範圍涵蓋會計審計、證明業務（會計審計、公開募股等）、風險管理、專業顧問（年金諮詢、國際投資諮詢、CSR）等，服務領域非常廣泛。

Deloitte Tohmatsu理財顧問有限責任公司（DTFA）是在改革盈利結構的M&A（併購），以及企業重組、違法調查等危機管理方面，支援企業解決重要的課題。旗下專家在日本的活動據點是東京、前橋、名古屋、大阪、廣島、福岡，在海外則是與Deloitte各事務所合作，擁有能在日本及全世界所有地區提供最佳服務的體制。

採訪

【審計法人Tohmatsu】永井希依彥（總經理）

【Deloitte Tohmatsu理財顧問有限責任公司】

竹之內勇人（資深副總裁・註冊會計師）、長山聰祐（產業機械・建設／能源統籌合夥人・註冊會計師）、佐佐木友美（資深分析師）、增島雄樹（首席經濟師）

※所屬單位及職稱為採訪當時的資訊

幫企業釐清「籠統的課題意識」這門工作

Deloitte Tohmatsu集團是「日本規模最大的專業團隊」之一，擁有負責審計・保證業務、風險管理、專業顧問、財務規劃、稅務、法務等各個法人組織。

這次的採訪對象是審計法人Tohmatsu風險管理事業總部的永井先生，他會從「事業潛藏的風險」觀點，協助客戶企業的成長和提供解決風險的建議。

另一位採訪對象是Deloitte Tohmatsu理財顧問有限責任公司的竹之內先生，專長是支援企業M＆A的定價等決策，以及分析無法只憑現金流來評估的企業價值（非財務價值可視化）。

兩位都是會親自處理數據的專家，但在各項業務中也會與經濟學家一同共事。

明確掌握「自家公司問題點」的客戶很少

Deloitte Tohmatsu的客戶，是面臨各種課題的企業或地方自治機關。

但是，並非所有客戶都能明確且具體地認識自己的課題，而是在諮詢的初期覺得**「目前我們的狀況好像不太妙，想要設法改善」、「我們想要提高業績」……大多只是有個籠統的感覺**。

所以，Deloitte Tohmatsu的工作，就是先從「幫客戶釐清課題、用言語表述出來，讓相關人士對課題有共同認知」開始。

也就是說，出發點是**建立與客戶的「共同語言」**。

將課題釐清並用言語表述出來的「科學」

那麼，為了「幫客戶釐清課題、用言語表述出來，讓相關人士對課題有共同認知」，經濟學能有什麼用處呢？

雖然具體的方法會依個案而定，但Deloitte Tohmatsu經常採取的作法，是將客戶心中**籠統的課題意識，套用經濟學的架構來看**。

每位客戶都以為自己的課題是自家公司特有的。當然這個認知沒有錯，但是**不可能與其他公司的課題完全沒有共同點**。即便只是一部分，也必定有與其他公司相通的地方。例如雖然課題的狀況不同，但只要套用經濟學提出的事物觀點・思維的「尺標」，或許就能改變看法了。

換言之，就是透過經濟學的架構，為客戶標示出掌握課題的**「輔助線」**。就算是籠統的課題，只要能畫出經濟學的輔助線，就會**出現客觀性與重現性**。依循經濟學的客觀性和重現性，就能明確提出「應該採取什麼策略」了。

我們就用虛構的案例，來思考一下利用經濟學畫出的輔助線吧。

假設有一家廠商的課題是「想提高營業額」。「提高營業額」這個籠統的課題意識，用經濟學的語言來說，就是「增加產品的供應量」。若想增加產品的供應量，就需要增加需求。

那要怎麼樣才能增加需求？有助於增加需求的要素是什麼？該怎麼定性或定量掌握產品需求？該產品的價值是什麼，這個價值今後又會講求怎麼規劃設計？

經濟學的理論不會給出「什麼狀況只要怎麼做就好」這種直接的解方，但它可以給出**思考的提示**。參考這個提示，將「提高營業額」這個籠統的課題分解爬梳得更詳細，就能有效率地篩選出需要考量的項目了。

最終，Deloitte Tohmatsu 在協助客戶解決課題時提出有經濟學根據的方案，都比較能輕易說服對方。建立能夠順利為客戶問責（Accountability）的「共同語言」，這就是他們活用經濟學的其中一個目的。

毫不偏頗、不受成見侷限來解釋課題的難處

遇到籠統的課題時，要分解爬梳出各個細節。這聽起來似乎是理所當然，好像沒有必要特地運用經濟學。

企業課題都有共同點

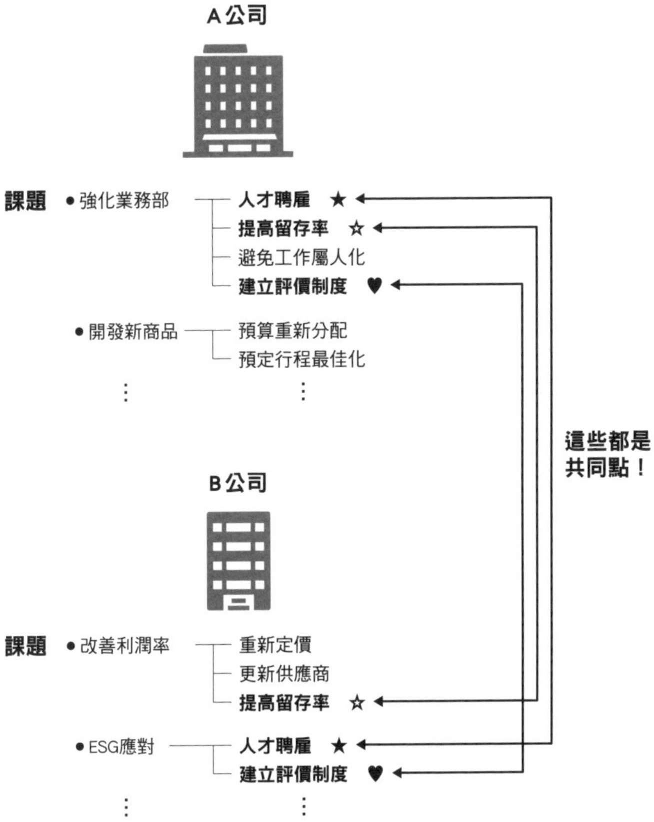
A公司
課題
● 強化業務部
人才聘雇 ★
提高留存率 ☆
避免工作屬人化
建立評價制度 ♥
● 開發新商品
預算重新分配
預定行程最佳化
⋮
⋮
這些都是
共同點！
B公司
課題
● 改善利潤率
重新定價
更新供應商
提高留存率 ☆
● ESG應對
人才聘雇 ★
建立評價制度 ♥
⋮
⋮

但是，要拋開成見、毫不偏頗地進行這項細分的作業，其實非常困難。

只要在該業界打滾多年，思維自然就會出現特殊的傾向。

比方說，**有數不清的案例都是將公司營業額不振的原因，輕易歸咎於經濟不景氣，於是隨便調降價格**。

對這種當事人特有的成見和偏見，經濟學可以提供一個有效的指標。

經濟學的特徵就是會分析日新月異的社會變化，就算只是一部分，也可以援用於個別的商業案例。

Deloitte Tohmatsu發揮經濟學的這個特徵，採取經濟學的見解，將之成功用於說服客戶。

EBPM與經濟學

「採用經濟學的見解，可以成功說服客戶」這個價值，對地方自治機關和政府也是一樣。

尤其是「EBPM（Evidence-based policy making／循證決策）」這個概念正逐漸普及。在找出重要的證據這一點上，經濟學培育出的高度專業分析能力就顯得更加重要。注重客觀性、重現性的經濟學，和EBPM的相容性可以說是非常高。

不管客戶是民營企業還是地方自治機關或政府，都要對他們的課題**提出能說服他們的解決方案**。Deloitte Tohmatsu算是在支援客戶做出更好的決策方面，發揮了活用經濟學的技巧吧。

經濟學這門「科學」與情感

雖說要「幫客戶釐清籠統的課題認知」但是面對課題的方法還是會因客戶而異。

基於數據和事實的客觀分析結果，不一定都能做出有效的提案。

透過分析導出的答案，違反身為課題當事人的客戶想要推動的主觀方針，也是很常見的情況。

作為「科學」的經濟學，與人的想法和情感發生矛盾時，該怎麼辦才好呢？

情感與科學恰到好處的距離是多遠？

經濟學是科學。

換句話說，學問的優勢在於「客觀性」與「（經過社會實驗的）重現性」。套用經濟學的架構後導出的策略，可以實現更高層次的「問責」。

但是，就算不論「客觀性」和「重現性」，也是有很多**案例是需要依照委託者的想法，或是社會意義等其他方針來進行**。遇到這種例子，即使套用經濟學來提案，可能也大多不會改變原有的方針。

要是當事人有很堅定的想法，或是有更重大的價值需要達成時，那套用經濟學的架構不就沒有意義了嗎？答案當然是「有意義」。

那究竟為什麼需要將經濟學，套用在有堅定想法，或是有社會價值的事物上呢？

這裡需要討論的就是**「決策品質」的問題**了。

提高決策品質的「科學」

商業上很多場合都需要決策。決策的過程會隨著組織和案件而不同，不過遇到有堅定想法或社會價值重大的事物，Deloitte Tohmatsu還是會特地套用經濟學的架構。

因為，**一開始只依客戶的想法（或社會價值）來進行，以及比較數據驅動式的分析結果和客戶的想法後，決定「貼近客戶的想法（或社會價值）」來進行，這兩種決策的品質完全不一樣。**

特地將經濟學套用在有堅定想法的事物上

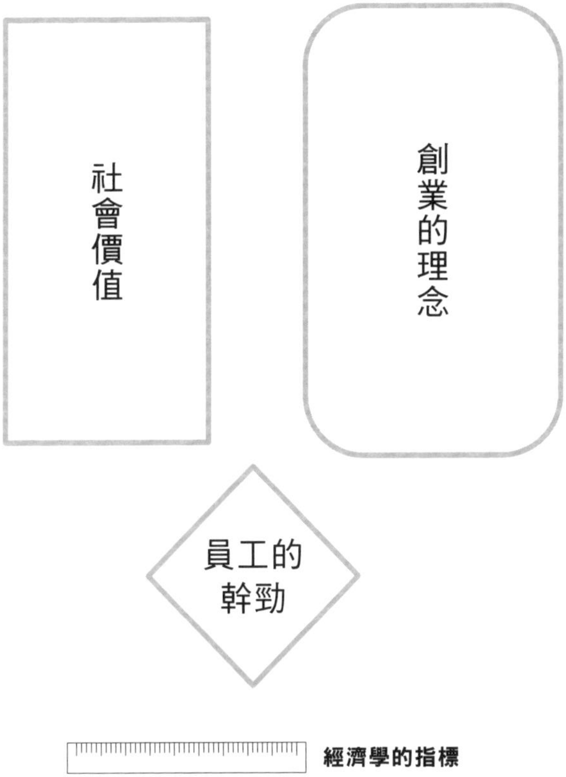

我們往往會把有堅定想法的事情，及其周遭相關的事物當作例外。但是，不管這個想法再怎麼堅定、社會價值再怎麼高，應該還是有必須要參照的前提才是。

透過數據分析提出客觀的證據，可以知道哪些對客戶很重要，哪些必須作為前提來參照。這樣就不會做出毫無基礎、浮動不定的決策了。即使做出了與分析結果完全迥異的決策，也能以「根據客觀的分析，A是最佳解方，但本公司想採取B」的形式，**有助於做出更清楚客戶本身意圖的決定**。

同一種決策，是屬於「直覺上認定」的決策，還是得知最佳解方後特地採取其他策略的決策，**累積的經驗知識也會因此而不同**。因為想法堅定，或是社會價值重大，才更要注重這段經驗，才能繼續進行下去。

經濟學在ESG課題上的作用

Deloitte Tohmatsu近幾年迅速拓展的「ESG」顧問業務，也採用了經濟學。

在目前的SDGs（永續發展目標）浪潮當中，今後ESG會比以往得到更多的關注。尤其是上市企業還有投入ESG的資訊揭露義務，被要求採取某些相關的行動。

但是「知道ESG愈來愈重要」和「實際致力去做」之間，還有很大的鴻溝。

「ESG在未來可以提升企業價值，幾乎等於股價會上升。」

「目前的社會正逐漸形成忽略ESG就無法經營商業的趨勢。」

這些現實尚未得到普遍的認知。即使會依循環境、社會性課題，ESG對大多數企業依然不是「需要率先投入的事務」，而是「不得不投入的事務」。

簡單來說，現在幾乎沒有企業認為**致力於ESG真的可以提升企業價值**，結果就是還沒有找到動機去採取前所未有的架構。

經濟學能怎麼幫助推動ESG

ESG是近年在經濟學當中研究大有斬獲的領域。只要根據這個見解，用數據展現出「在某行業中增加女性擔任管理階層的比例，會影響股價」、「致力於碳抵銷與碳信用，可以提升股價」等因果關係，就能幫企業賦予一個ESG的動機。

當然，如何看待這個數據、做出什麼決策，還是要依客戶而定，但是在這裡可以嘗試**畫出解讀課題的「輔助線」，標示出事物的觀點、思維的「尺標」**。

採取經濟學的見解、有說服力的說明，加上有客觀性與重現性的提案，就能協助客戶做出決策。

課題與展望

為了在今後推動「經濟學的商業活用」

將「偶然」變成「必然」

追求企業最大利益的決策，要有必然性。換言之，就是能以某種程度的準確度說出「如果這樣做，就會怎麼樣」，**有憑有據的決策**。

不管是什麼企業，每天都要做很多決策。但這些決定的「根據」會因企業文化，或是因為時機和場合而異。有些決策是基於過去的經驗法則，有些則是權宜之計。

舉例來說，假設原物料價格高漲導致「漲價」勢在必行。

對企業而言，漲價是一場豪賭，可能會導致老顧客流失，所以總是想儘量降低漲幅。實際上，應該也有企業過去因為漲價而痛失客戶的經驗吧。

但原本的價格就快要撐不下去了，所以決定「漲價一成」。假設在真的漲價以後，幾乎沒有流失客戶，結果增加了盈收。

不過，重頭戲現在才要開始。

「雖然很擔心漲價的後果，但是好像沒出什麼問題。」

「甚至還增加了收入，真是太好了。」

要是想法只停留在這裡，那就不會有後續了。

如果這段成功經驗僅止於此，那它就只會是「偶然的成功」。**如何看待成功經驗，有助於把它轉化成有價值的經驗並繼續運用**，否則就太可惜了。

那應該要怎麼看待這段成功經驗呢？

如果得出的經驗法則是「這次順利漲價了一成，那下次要是原物料再上漲的話，我們就再漲一成」那就太武斷了。沒有任何根據可以保證下次這麼做也會成功。

成功必定有些什麼因素。別停留在「莫名其妙就成功了」的程度，而是**依照詳細的數據，來嚴密分析「這次應該是因為某某因素才會成功」的推測，就能將這次的「偶然」變成「有憑有據」**。

以「漲價」為例，根據「經濟環境」、「商品屬性」、「客群」、「漲幅」來分析，就可以發現「在這種市場狀況下，有什麼客群的商品、漲幅多少是在容許範圍內」。

了解這種思考方式，以後就能以高準確度的根據做出決策。

當然，最理想的做法是一開始就進行詳細分析、做出高必然性的決策，而不是想碰運氣賭賭看「偶然」。

將「憑感覺煮的家常菜」變成「專家食譜」

決策的意思就是「做出某些新的決定」，而在做決定時需要勇氣。因此，**為了將失敗風險降到最低，數據分析可以派上用場**。凡事都一定會發生預料之外的狀況，用經濟學這個工具收集愈多數據，就愈能提高分析的精準度。

像這樣「分析、釐清成功的理由」，就像是在編寫「料理食譜」一樣。

隨意選擇材料、憑手感來調味的家常菜，可能會美味到驚為天人，也可能難吃到食不下嚥。如果是不習慣下廚的人，甚至可能會煮出根本稱不是上是食物的東西。

但是，只要按照「專家寫的食譜」去做，每個人都可以重現那道料理的美味。

食譜可以說是將「偶然成功」變成「必然成功」的典範。

就算使用相同的肉品，脂肪分布也可能會因季節而異；或者同樣都是加「鹽」，滋味也會因為產品而多少有點差異。不過只要按照食譜去做，即使稍微有點偏差，應該也能燒出足夠美味的菜餚。

經濟學的商業活用也是同理。

社會和企業的狀況都是瞬息萬變，不可能在相同到分毫不差的狀況下，出現相同到分毫不差的課題。但是，只要分析過去的成功案例、釐清成功的原因，那就會成為**「課題解決的食譜」**。有了食譜，**在遇到相似的案例時，只要稍微做點變化，就能提出非常有機會成功的策略**。

剛才舉的例子是「成功經驗」，不過「失敗經驗」亦然。別只是停留在「這樣做不會成功」，而是要理解成「這樣做是因為某某原因才不會成功」就可以避免以後重蹈覆轍。

做出某個決策並獲得成功，或是慘遭失敗時，是否能夠察覺**「分析根本原因的手法」**，是否會產生**「不要依照公司的經驗法則，而是借助學識的力量來好好分析原因」**的想法。

這不就是決定企業，乃至日本經濟的成敗關鍵嗎。

經濟學有可能揭示出並非單純延續現在的「全新未來」嗎？

Deloitte Tohmatsu 今後想要與經濟學家一同致力的新課題當中，有一項是「揭示並非單純延續現在的全新未來」。我認為在這個課題上，經濟學也很有助益。

首先，經濟學經常分析社會上的各種數據、建立預測模型。只要能夠累積質與量皆有所改善的數據資料，就有助於做出可信度高的分析，今後肯定有望提高預測的精準度。

但是，或許會有人認為「在這個變動愈來愈劇烈的時代，這種預測難道不會愈來愈困難，或是變得不準嗎？」「數據是分析過去的某些原因、因素，這根本沒辦法用來預測以後的結果吧？」

但不論社會再怎麼變動，**未來的某一個點，必定會與現在相連**。即使看似毫無瓜葛，但應該還是有某些什麼連結在一起。

實際上，經濟學也正在進行堪稱是創造未來的研究。其中一個例子，就是我在上一本著作裡也介紹過的**「市場設計」**。

在這個領域，是從過去龐大的研究資料中找出許多提示銜接起來，納入業界特有的要素，設計出前所未見的市場或規則。而且並不只是設計，還會透過實驗測試是否能實際應用，包含了實務運用的驗證。

「想要創造出某些新事物，實際運用（似乎可用的）理論，做出更好的產品」，這已經可以說是經濟學家的一大動力了吧（我認為很多經濟學家都著重於發掘各種現象的真理，根據發掘的真理來導出理論）。

今後，還會出現更多以往人類不曾接觸過的價值觀和概念，或是現象吧。

屆時，社會會形塑成什麼模樣呢？

在這個狀況下，企業和政府會何去何從？可以為這種未來願景導出新的提案嗎？

關於這些問題，我認為不是要看作為分析工具、說明工具的經濟學，而是**要看包含某種「哲學」要素的社會實務運用**。

漸漸地，Deloitte Tohmatsu也很有可能孕育出這種實務運用的案例，我想懷著期待之情特此記下一筆。

籠統的事物、不確定的時代，共同的「尺標」才更有助益

第 3 章

將經濟學活用於自家事業的方法

為了先自主活用經濟學

到目前為止，已經談過商務人士學習作為商業教養的經濟學有哪些用處，並介紹了實際採用經濟學後大獲成功的先行企業案例。

公司內部聘請經濟學家的案例，與外界經濟學家合作的案例，不借助經濟學家的能力、而是公司先自行努力學習經濟學的案例，各家企業採取的方式都不盡相同。

大家或許已經從先行案例看出來了，不能只是糊裡糊塗地認為「只要將經濟學活用於商業，一切就能順利進行」。採用經濟學的當事者，也需要具備相應的素養。

首先，最重要的是培養「經濟學應該可以運用於商業」的想法，以及把經濟學的學識當作「一種解決商業課題的選項」從中獲得啟發。接下來，本章會談論在目前尚未活用經濟學的職場上，該掌握哪些重點才有助於今後的活用。

重點

只要做好準備，就能馬上踏出第一步。

將經濟學活用於商業的兩個準備

發現工作上好像有某些課題——但應該沒有哪家企業完全沒有課題，所以我認為這是所有商務人士都會遇上的狀況。

這種時候，假設書籍或新聞報導介紹了與自家公司相似的課題解決方案，描述如何利用有經濟學根據的數據分析來改善狀況。

但是，這個方法應該無法立刻導入自家公司吧。這裡**最大的障礙，就是多數商務人士「不怎麼懂經濟學」**，而且**「也不曾與經濟學家共事，根本沒有交集」**。可能會有人覺得說這些是什麼廢話，那我換個方式說好了。

「大多數經濟學家，都跟商務人士沒什麼交集。」

「大多數經濟學家不曾走進商業實務的現場，因此自身的研究並沒有連結到商業課題。」

沒錯，就跟商業界對於經濟學界缺乏知識一樣，經濟學界也對商業界一無所知。**經濟學家擁有許多極有可能應用於商業的工具，卻幾乎沒有機會接觸到實際運用的現場**。

而且，商業實務現場也是五花八門，每一個都個性十足。在該組織中理所當然的常識，對同行的其他公司來說未必是如此。每一家企業都有各自的目的，會以各自的方法經營。企業就是這麼一回事。

所以，假如企業偶然遇到了一位有商業經驗的經濟學家，對方也未必能夠提出卓越的解決方案。不是只需要有商業經驗，其研究領域和該事業是否契合也很重要。

經濟學家的各個研究領域，都有各自能當作工具運用的技能。這個工具肯定非常實用。但是，**除非能與商務人士在「什麼課題想要怎麼解決」這個問題上達成共識，否則就無法活用工具**。

假如聘請經濟學家，委託他「找出並解決有助於企業成長的商業課題」，但是短期內也很難知道「公司的課題主幹就在這裡，可以用什麼方式解決這個課題。如果這個方式可行，就能運用某某先行研究的理論！」

當然，要是能像美國最先進的企業一樣，在各個部門都配置研究專家，花好幾年的時間理解商業模式，那就另當別論，不過企業要活用經濟學家的能力，還是需要建立相應的體制。

那應該要做哪些準備呢？簡單來說，就是

- 釐清公司的課題與對經濟學家的期望
- 對經濟學要有廣泛粗淺的知識

那我們接著就來一一看下去吧。

一切都始於釐清公司的課題

在第二章介紹的案例中，每一家企業都有商業課題。

這裡所謂的課題，並不只是籠統的

- 想提升營業額
- 想改善業績

・想與同行其他公司做出差異化

而是更進一步的

・提高公司的評價分級服務的精準度、增加可信度

・測試新功能的成果，希望使用者能認識其中幾項功能

・分析各個舊客戶的關係，在日後建立優先交易的關係

既然想要（用經濟學）解決商業課題、（靠經濟學的力量）讓工作進行得更有效率，**那在思考與經濟學的連結之前，必須先釐清公司內部的課題**。

為什麼在找經濟學家商量以前，商業方面的人士必須先釐清具體的課題呢？

尚未活用經濟學的企業，可以想像一下今後的活用方式。屆時不太可能馬上聘請經濟學家，而且公司裡也不太可能有員工對經濟學熟悉到足以應用的程度，所以通常會先想要找外界的經濟學家商量。

此時的問題，就跟商業有百百種一樣，經濟學的領域也區分得非常細，每位經濟學家都有各自的專業領域。而**商業與經濟學的關聯，看起來非常令人難以理解**。

例如「想提升業績」這種籠統的課題，需要借助的學識會因為在什麼狀況下、為何會有這種課題而完全不同。學者不是顧問，所以商務人士需要先自行釐清「根本的課題是什麼？」否則就無法開始。

當然，有些學者或許可以從分解模糊的課題開始提供協助。不過我個人實際的感覺是，分解籠統的課題後得出的結果，剛好符合該學者專業領域的可能性微乎其微。假如正好符合，也可能是該學者用自己的專業領域，來解讀那個商業課題。

如果商業課題與專業領域不同，也無法協助學者做研究，只是白忙一場，更何況課題的解讀若有偏頗，解決的可能性就會下降。

因此，在考慮找哪位學者商量、採取哪個領域的經濟學以前，必須先釐清自家公司的課題才行。

「我們公司有某某課題，就用〇〇（經濟學的各個領域）來解決吧！」能夠做出這番考量，解決課題才有助於企業成長。

「釐清課題」是什麼意思？

我再強調一次，商務人士與經濟學家對同一件事的解讀通常不一樣。商務人士以為「根本沒辦法解決」的課題，其實多半都能讓經濟學來大顯身手。

因此需要先做的「釐清課題」，意思並不是「將課題截取出一部分，用言語表述出來」。

身體的病痛也是如此，你以為只要查出是什麼病、設法根治就好，但是診察的醫師不會只看症狀，還需要做必備的檢查，一併掌握沒有外顯成症狀的問題才行。在這種狀況下，醫學才能發揮出真本事。

病患要是堅持「我只是頭痛，開止痛藥給我。其他症狀是我的個人隱私，不必檢查」那醫師能做的也不多吧。經濟學的商業活用也是同理。

站在經濟學家的立場思考「自己的學識能怎麼幫助對方的事業」，為了提出精確的方案，那就需要了解對方，即企業當下所有的課題意識。

所以，我希望大家都能意識到，如果已經多少能夠理解經濟學在商業的可能性，那就**不需要先自行嚴格劃分，總之就是將「想要設法改善的地方」、「想要做什麼事」，全部用言語表述清楚**。最好要「盤點」課題，釐清最終想抵達的終點，這個「盤點課題」，是用經濟學解決商業課題必做的第一個準備。

不學習就無法找到正確的商量對象

在釐清公司的課題後，就會進入「找誰商量」的階段。最理想的狀況是，大概知道哪位經濟學家與公司課題有密切的關聯，聯絡對方：

「我們公司正面臨某某課題，希望能活用您研究領域中的○○，一起解決課題！」

這樣經濟學和商業會比較容易連結在一起，但這實行起來也相當困難。因為，**對經濟學一無所知的人不管再麼苦思冥想，也不會知道自己公司的課題與經濟學的哪個領域有關**。

而且，如果要跟經濟學家對談，某種程度的**共同語言絕不可少**。

這裡所謂的共同語言，就相當於「經濟學的基礎知識」。

在商業方面，若要與外行人談深入的話題，也多少需要一些專業知識吧。如果自己沒有基礎的專業知識，就聽不懂對方在講什麼。

同理，與經濟學家商量時，商務人士也必須要學好某種程度的經濟學才行。

這個**「經濟學的學習」**正是與經濟學家合作的第二個準備。

講求的是「大人的學習」

此外，這裡所說的「經濟學的學習」，並不是指像準備考試那樣熟讀知識，也不是像研究所那種特化的深入研究。

「培養出廣泛粗淺的經濟學知識」才是此刻需要的學習（我會在第四章的部分談到這個學習方法）。

這個學習的目的，並不是要找出完全符合公司課題的經濟理論，終歸只是要培養出共同語言而已。

然而，也是有經濟學家原本就想跟商務人士共同達成某些目的。如果是這樣的學者，就算商務人士在一無所知的狀態下找他對談，他應該也會主動回應。企業方可以給他使用「企業實際數據」的機會。對經濟學家而言，這是「投入新研究的大好機會」。

但是我必須先提醒大家，這種經濟學家和完全不懂經濟學的商務人士，很難成為商業上的好搭檔。

就如同第一章談過的，經濟學家和商務人士若是成為「老師與學生」的關係，就很難創造出商業成果。

那將經濟學活用於商業時，應當追求什麼樣的關係呢？下一節，我們就來探討什麼才是能將經濟學妥善活用於商業的「團隊」。

重點

準備一　釐清「需要解決的課題」。
準備二　培養出與經濟學家的「共同語言」。

學識的商業活用是「團體戰」

學識的商業活用第一步，就是釐清課題。**商務人士和研究者要團結一同面對某個明確的課題**，這是學識活用最理想的形式。

雖說「商務人士和研究者要團結一同面對」，但做起來並不簡單。因為這當中需要講求兩個要素：

- 商務人士內部團結一致
- 商務人士與研究者互相協調

後面我們就分別來看各個要素。

管理階層與現場人員有共同的認知嗎？

需要諮詢經濟學的商業活用時，可能是熟悉現場實務的商務人士主動提出要求，也可能是管理階層親自出面。不論是哪一方，通常都是某些事務的負責人、有決定權的人出面。

而這其中很容易造成一個問題，就是**公司內部的認知偏誤**。例如管理階層與現場人員，或是現場的領導者和實務員工之間的認知偏誤，可能會阻礙經濟學的活用。

這裡我們就以分級為例，來思考看看。

假設某家企業的管理階層「想要能反映一般大眾感受的評價（星等）機制」，於是找經濟學家商量。該企業的管理階層具備某種程度的經濟學素養，雙方在一番有建設性的討論後，根據經營階層的課題意識設計出一套分級機制。管理階層立刻向現場人員公布這個制度，投入實務運作。

但是，在這個機制實測一陣子後，管理階層看了公司提供的分級評價，卻大吃一驚。因為評價反映出的是像老行家這類圈內人的感受，結果完全違背了管理階層的課題意識，以及經濟學家設計的制度。為什麼會變成這樣呢？

簡單來說，就是**管理階層和現場人員的認知不同**。

現場的確是收到了管理階層的指示，但他們只把這個當作是「上面要求的某個新制度」而已，管理階層最主要的目標**「反映一般大眾的感受」，並不在現場人員的認知之內**。

所以，現場的負責人彙整了該領域的專家意見，來運用這個評價機制。經濟學家設計好的制度雖然成功投入實務運作，狀況卻與管理階層要求的目標截然不同。

在導入新制度或系統時，主使者通常會在做出指示的同時，提供詳細的工作守則。但是，現場人員未必會仔細看完這份守則。

不看說明書、自行解讀而採取錯誤的使用方法，也不是什麼稀奇的事。

公司內部的協調要是不夠充分，就可能會發生這種事。

經濟學是一種工具。

而所有工具都一樣，實際使用的人，即現場人員若是沒有了解「這個工具是做什麼的」、「該怎麼使用」，就無法發揮它原本的作用。

如果要將新的專業知識活用於商業，就必須要讓公司內部對於這個知識的目的和正確使用方法有共同的認知才行。

招攬會熱切關注社會的研究者

接下來，我們來看與經濟學家的合作方法。

剛開始投入商業活用的方法，最普遍的大概是商務人士主動接觸經濟學家。

此時，商務人士也需要具備某種程度的專業基礎知識，這個在前文已經提過了。隨便找個經濟學家拜訪，和自學知識後找出專業領域相近的經濟學家拜訪，兩者的出發點有天壤之別。需要根據課題來媒合學識，所以培養出最低限度的基礎知識，在學識的商業活用上會是很大的優勢。

而且，在學識的商業活用上，我建議要採取**「團體戰」**。為了解決當下的商業課題，要搭配多種不同的學識，以團隊的形態來處理。

也就是說，如果要真正解決課題、得到最佳成果，通常不是只專注於單一領域，而是需要組合搭配多種領域。就我見過的活用案例，大多數都是屬於這種情況。

從這個觀點來看，商務人士不能過度期待只與一位經濟學家商量，就能馬上解決課題，必須要意識到一個前提，就是商務人士是以包含自己在內的「團隊」身分來處理課題。

所以，管理階層和現場人員，還是需要具備經濟學最低限度的教養。經濟學最低限度的教養，即是與經濟學家的共同語言。

獲得與經濟學家的共同語言，能夠用言語表述商業課題以後，再實際去拜訪經濟學家。從這裡開始，才能組成一支解決課題、得到最佳成果的最佳團隊。

當然，最先拜訪的經濟學家未必就是符合需求的適任者。

不過，**只要擁有經濟學最低限度的教養、能用言語表述課題，陪同商量的研究者至少可以提出其他符合的研究領域，能給出各種提議，讓討論內容有建設性**。

畢竟研究者有研究者自己的人脈，或許會願意介紹其他可能適合該課題的研究者。我在第一章也提過，在二〇〇〇年代以後，日本的年輕經濟學家親眼見證美國如何將經濟學活用於商業，而現在這群人有一部分就在日本。

也就是說，學者之間已經普遍明白「自己的見解能夠活用在商業」。所以，某種程度來說，**只要能用經濟學的共同語言來說明課題，就能開拓出解決之道**的可能性相當大。

重點

千萬別以為「不必多說，對方一定懂」。這個觀念對公司內部和研究者都不通用。

如何超越背景的差異合作下去

經濟學家和商務人士的背景經歷當然完全不一樣。一邊是以學術界為軸心，一邊是以商業界為軸心，**是否能夠超越這個背景的差異，如何互相尊敬、妥協、理解**，這一點也是會對學識的商業活用造成大影響的問題。

在學識活用這一點上，以遠遠凌駕於日本的美國為例，在美國和日本，商務人士對學者的「敬意」似乎有點不同。簡單來說，美國的敬意是「對共同處理課題的『同伴』的敬意」，但日本卻是「對與自己完全不同境界的『老師』的敬意」。

換句話說，日本似乎**本來就不太會把學識當作對自己的事業有益的知識**。

或許是「經濟學＝感覺很高深的研究，無法激發會直接影響到商業的想法」這個印象太強烈，通常會讓人在接觸學識的大門前止步。尤其是四十歲以上的商務人士，當年在念大學時的觀念可能更是如此。

在日本，經濟學和商業之間無法拉近距離，學識的商業活用案例始終難得一見的原因，大概就在這裡。

近年來，各個企業也能取得許多數據資料、在網路上挑戰開拓新市場，將數據和商業的距離拉近了不少。然而遺憾的是，**學識的實用性依然遭到忽略**。

當然，學者也需要更積極主動向一般大眾推廣資訊。如果不對外宣傳自己的研究和商業的關聯性、實用性，商務人士根本就無法察覺。

經濟學家向一般大眾宣傳，商務人士養成經濟學的基礎知識、察覺對商業有用的學識。期望這種**雙向的探索**能更進一步，大幅縮短兩者之間的距離。

從此才會開始邁向超越雙方的背景差異，互相尊敬、妥協、理解的過程。

背景不同，感知當然也不同

學者和商務人士的**時間知覺**、**追求的目標**並不一樣。

若要說得更清楚一點，學者大多是完美主義者，不惜耗費多年時間長期鑽研同一個主題。

他們都強烈意識到自己背負著該領域的專家威信，想鑽研出扎實穩定的論點來投入實務運用，不願輕易提出尚未確定的概念。

但是，商務人士大多不願意花好幾年的時間，無法接受這種從容不迫的步調。當然，採取學識是為了獲得更確實的理想成果，但是比起花好幾年去追求滿分，他們更**希望儘快取得達到及格標準的成果**。

確定性和效率都很重要，但要是無限度地追求確定性，效率就會降低，無限度地追求效率又會降低確定性，無法兩全其美。

雖然效率對學者來說也很重要，但是硬要說的話，通常還是更傾向於保有確定性，所以商務人士一定要清楚傳達自己的需求。

有些學者幾乎沒有商業概念，因此學者也需要努力去理解商業。

但身為委託者的商務人士，有沒有意識到「學者與自己的感知通常不一樣」這個前提，溝通的方式和之後獲得成果的方式也會大不相同。

首先，**包含了「想要花多少時間達成什麼成果」在內，要能夠用言語詳盡表述課題，才不容易造成誤會**。

對於商務人士的提案，學者的回應可能是「這麼短的時間只能做出粗略的分析，無法提出足以投入實務運作的方案」。

不過這樣並不代表協商失敗，只要雙方繼續討論「需要多少時間分析？什麼時候可以達到實務運作的程度？」即可。

學者和商務人士互相理解彼此能夠接受、無法接受的事，持續協調，是超越背景差異、合作下去的必經過程。

形成共同認知的難度

假如建築師聽到案主表示「我想建一棟四層樓的辦公大樓」就會畫出四層辦公大樓的設計圖。如果案主表示「我想建一棟二層樓的住宅」，那麼建築師就會畫出二層樓住宅的設計圖。

如果他一開始聽到的是「想建一棟四層樓的辦公大樓」，後來卻又聽到「想改成五層樓」的話，設計圖裡的總面積、建築高度就全部需要重畫了。

經濟學家將學識實際運用於商業時容易發生的問題，就跟這個例子很像。

商務人士與經濟學家之間的認知偏誤若是沒有解決，就這麼進行下去的話，總會在進行到某個階段時需要砍掉重來，造成龐大的時間與勞力損失。

更麻煩的是，在商務人士看來「就算之後再交代，應該也會有辦法解決的小問題」，對經濟學家而言往往是「必須重新來過的大問題」。

比方說，某個分級設計的案件就發生過下面這種情況。

經濟學家參照「Tabelog」，建構出一個用「星等」來呈現評價優劣的機制。但企業方對於該機制的使用方法，卻與經濟學家預想中的不一樣。因為企業真正想要的，並不是「與其他公司的商品比較優劣和評價」，而是「根據顧客對自家產品的評價找出改善要點」。

企業方大概不懂細節的設計差異，單純以為「反正只要做出分級的機制，就什麼都能應對吧」。但是「比較優劣」和「發現改善要點」，所需要的分級設計截然不同。

結果，才會在機制已經完成以後發生「無法提供需要的功能」這種情況。

只要背景不同的人培養出共同語言和共同認知、一起尋求解決之道，就能創造出比以往高出數倍、數十倍的成果。這就是將學識活用於商業的最大好處和樂趣。

但要是雙方只憑著各自以為的「順利」而繼續進行下去的話，之後就會發現很大的認知偏誤，需要花費多餘的時間修正方向，最後還可能得到不符合期望的結果。

為了避免這種情況發生，能夠繼續合作下去，商務人士必須要詳細完整表達出「自己想做的事情」全貌（最終目標），再用共同語言一起討論、協調雙方的認知。

重點

商務人士與學者對「常態」的基準不一樣。

從數據運用開啟「經濟學的商業活用」

採納經濟學來解決商業課題時，最有用的就是**「數據」**。我在前面也提過，隨著資訊科技的進步，各企業能夠取得大數據以後，經濟學比以前更容易活用於商業了。

過去我和企業、經濟學家一同合作處理的案件當中，大多數也都是關於數據分析的諮詢。

「我們公司累積了很多數據，想要分析用來提高營業額。」

「我們想活用客戶資料，嘗試向上銷售。」

這些都是我經常遇到的諮詢內容。

但可惜的是，事實上這些諮詢的內容都很難成形。

因為並不是「只要有過去累積的數據，學識就能順利幫上忙」。**如果只是單純收集的數據，不管是再怎麼傑出的經濟學家，能做的事情也非常有限**。而目前的狀況是，**知道收集數據是為了做數據分析的企業，比想像中的還少**。

為什麼「自然而然累積的數據」幾乎不能用？

為什麼「過往累積的數據」派不上用場呢？

因為這些數據不是「特意累積」，而是「自然累積」，是沒有目的的累積。能順利用於分析的數據，並不是自然而然隨意累積的數據，是為了做特定的分析而刻意去收集需要的資訊、累積而成的數據。

「特意累積」和「自然累積」雖然都是累積，但得到的數據截然不同。

比方說，電商網站的購物車結帳畫面，會出現需要顧客填寫的表單。填寫欄位可能有姓名、地址、性別、職業、年齡等等，如果這些資料打算用來「掌握購買客群的年齡層」，那就需要詢問顧客的年齡或出生年月日。

考慮到後續活用的方便程度，原則上會儘量將年齡等資訊設定為必填項目。如果要分析顧客填寫的資料，製作詳細的填寫規則也很重要。

假設在填寫年齡時需要使用半形阿拉伯數字，填寫地址時要如何分段，倘若這些沒有統一格式，在分析時就要花很多時間整理數據。

尤其是沒有打算要「特意累積」，只是姑且收集了「二十～二十九歲」、「三十～三十九歲」這類以十歲為單位勾選的答案。但是等到要做分析時，一旦需要以五歲為單位來分析，就不可能做出詳細的數據分析了。自然累積的數據之所以派不上用場，就是這個緣故。

或者說，要「掌握購買者居住的縣市」，如果是讓購買者自行隨意填寫地址欄，那就無法充分收集到預想中需要的資料。

因為，很有可能每個人填寫的鄉鎮市區順序不一，或是數字並非統一用半形或全形。在分析時，無法將全形和半形視為同一筆資料，或是需要檢查地址、進行完全不屬於數據分析的作業。在真正開始做原本打算要做的數據分析以前，會耗費相當多的勞力。

這只是其中一個例子，**本質上，收集到的數據形式會因取得的方法而完全不同**。重要的是根據自己想用數據做什麼樣的分析，來適當**「設計」**收集數據用的設問。

或許會有人覺得「要一個個思考設問方式太麻煩了，乾脆所有必填項目都設定成最詳細的格式就好」。

但是，這樣會導致購買者要填寫的欄位暴增，填到後面會感到疲勞，於是填答率下降，即使願意耐著性子填寫，也可能會變成敷衍了事。大量需要詳細填寫的項目，也會對數據的取得造成不良影響。

用於收集數據的格式，要是會造成機會損失，那就是本末倒置了。果然還是依照數據的用途，將格式設計成能收集到需要的資料，才是最重要的。

目的整合性數據是個「寶庫」

但是，自然累積的數據也不是完全無法使用，還是有很多「雖然跟當初的目的不太一樣，但可以這樣用」的地方。

將累積的數據整理妥當，說不定它就能化身成為「寶庫」。

不過，畢竟是商業用途，**今後把目的放在心上、「特意累積」數據**也很重要。

在收集數據以前，需要先思考明確的「目的意識」。

為了釐清「目的意識」，則需要有明確的「課題意識」。

先有課題，先有目的，接著才有「特意累積」的數據，這樣才能確實提高與經濟學家合作的效果。

重點

愈清楚「為什麼要採用數據」，
愈能得到「高品質」的結果。

第 4 章

可運用於商業的經濟學學習法

展望五年後、十年後，思考「現在應該做什麼」

以社會人士的身分累積經驗後，再度學習某些新技能的**「技能再造」**，已經變得愈來愈重要。

技能再造大致有兩個方向，分別是**「學習技能」**和**「學習教養」**。社會上並沒有嚴格區分這兩者，都是用「技能再造」來指稱，不過在感受上大多是指前者的「學習技術」。

對自己人生的短期投資與長期投資

例如市場行銷的技能、程式設計的技能、經營管理的技能等等，都是與商業場面有直接關聯的「技能學習」。這些都是如今要在商業界活躍所高度需要的技能，學會就能立即派上用場。

這最適合想要短期見效、謀取更好職位的人。實際上，很多人都是為了提升自己的技能和資歷，才會想要學習這些技能吧。

那關於教養的技能再造呢？

簡單來說，商業教養的定義是「可作為商業基礎的廣泛學習」，並沒有定義得很清楚，又涉及各種方面，所以學成以後可能根本派不上用場，而且也可能不知道該運用在何方。即使感覺不出這些教養有什麼直接用處，但是有這種教養作為基礎，就可以增加做各種決策時需要的見聞廣度和深度。教養是能活出豐沛人生、愈臻成熟所必備的東西，也可以說是人生的指南。

由於這個性質，教養的學習很難短期達到明確的成果，是「樸實的學習」，因此容易讓人忽略。

短期就有成果、持續累積下去當然很重要，但這樣也可能會讓人**只著重於眼前的課題，看不清大局**。

要能夠思考目前的社會情勢如何、今後該怎麼做。而且為了提高每一個人的產能，得到更好的成果，要展望商業的推展方式。不是見招才要拆招，重要的是內在要建構出一道穩固的軸心，遭遇課題時，根據明確的目的意識來判斷。

不只是企業的管理者，每一位商務人士，今後都應該要講求這些能力。

別趕著去做「學習技能」這種短期投資，**要有策略地展望五年後、十年後的商業趨勢，為此「學習教養」，也就是進行長期的投資**。

經濟學是最好的長期投資

我在這本書裡建議各位要做的「社會人士的經濟學學習」正是這裡所說的長期投資，即「教養的學習」。

為什麼呢？就跟前面提過的一樣，因為**經濟學是聚焦於世界上發生的各種現象，以科學來解讀的一種嘗試**。

它不會預測明天這家公司的股價會上漲還是下跌，而是思考並推估五年後、十年後的世界情勢。它不是像我們接到業務指令一樣，被動地「在五年內精通某某技能」而是思考、描繪未來的世界會如何進展。

學習經濟學，就能夠培養出這種商業需要的基礎教養。

即使發生了像新冠疫情這種完全超乎想像的未來，只要有自己思考並展望的未來風貌，應該就能夠思考如何因應想像與現實的落差。

經濟學的教養，可視為今後在社會中前進的重要**「指南針」**。它能大大幫助我們思考，該怎麼走才能以最短的距離接近目標。

重點

經濟學的教養可以充實商務人生。

目標是成為經濟學的通才

若要養成最低限度的經濟學教養，獲得與經濟學家的共同語言，藉此找出商業課題的解決方法，「經濟學」會是非常強大的武器。

雖然本書已經再三強調過，不過大家讀到這邊，應該都很想知道**「最低限度的經濟學教養」要達到什麼程度才行**。能達到讀懂經濟學的專業書籍和論文的程度當然很好，但這裡所說的最低限度，是更基礎的教養。

商務人士的目的不是要精通經濟學的特定領域，而是運用經濟學來加快商業的成長速度。

因此需要的是「察覺各種可能性的能力」，所以最好是能養成「粗淺但廣泛的知識」。商務人士會活用經濟學，作為解決商業課題的武器，因此需要學習經濟學的基礎教養。而最理想的目標不是成為經濟學的專家，而是成為能夠認知到**經濟學有哪些用途的通才**。

最佳作法是先閱讀「入門書」

說得更具體一點，就是**閱讀經濟學各種領域的入門書籍**。

首先，即使無法百分之百理解，只要能了解該領域其中一、兩個地方是什麼樣的思想，或是體會到哪些概念能幫助公司事業的話，那是最好的了。

第二章介紹過的 AppBrew 公司，也有很多員工在學生時期就讀過寫給一般大眾的經濟學書籍，這就是他們公司內部能夠順利建立起「經濟學可以活用於商業」共識的一大因素。

就算無法自行講述經濟學的理論，也能感覺到經濟學近在身邊、可以在商業上與經濟學家共同合作。雖然可能會覺得自己只是稍微了解經濟學的皮毛，但「一無所知」和「稍微了解」依然有很大的差別。

如何踏出並非單純延續現在的「全新一步」

話雖如此，到了書店的經濟學書架前，還是會感到猶豫不決。架上有大受專家好評的入門書，也有乏人問津的入門書。

因此，本書在最後的附錄列舉了幾本經濟學商業活用的推薦書籍。大家不必想得太難，從自己感興趣的書開始閱讀即可。

實際閱讀後，要是覺得「這好像可以用在我們的事業上」，就大膽去試著接觸該領域的專家吧。

儘管不知道這一步能不能成功將學識活用於商業，但**發起並非單純延續現在的行動，那就一定可以開拓出並非單純延續現在的全新方向吧**。

商業與經濟學之間「無形」的連結

實際上，只是商務人士沒辦法與經濟學連結起來，但是從經濟學家的角度來看，卻能看出很多明顯與經濟學理論有關聯的商業課題。

比方說，有個理論叫作**「社會選擇理論」**。應該很多人都聽說過這個理論，但就算知道這個理論，可能始終也看不出它跟商業的關聯。

社會選擇理論簡單來說，是「關於決策的研究」。

這個社會上有數不清的群體，除了企業和團體組織之外，其中通常還能再按照所屬部門和職務各別組成群體。或者家庭、班級、學校、社團活動、才藝班、居民委員會等等，都是一種群體。

我們隸屬於各種群體，各個群體裡有每一個各自擁有不同價值觀和興趣嗜好的人。**這形形色色的人群，要怎麼整合出一個群體共同的意見、為事情做出決定**，社會選擇理論就是處理這種議題。

這樣解釋，應該會讓很多人馬上想到「多數決原則」。多數決原則是一人一票選出大家覺得最好的選項，這的確是日本最常見的一種決策方法。

但是，群體的決策未必都是透過多數決原則來決定。職場上大多是遵循職責重大的人物所做的決策，而在家庭裡也可能是由某個人來幫大家做決定。

社會選擇理論研究的，就是如何根據這種多元偏好，統計出「由多元個體集合而成的社會的偏好」，以及如何處理個體的偏好，才能以社會整體的立場做出妥善的選擇。

決策的方法，遠比大家所想像的更多。

舉例來說，有個方法是收集每個人「喜歡哪個東西，到什麼程度」的數據，導出最受喜愛的選項。假設所有參加者，都是用滿分五分的評價，依喜歡程度來為五個選項評分。那是要選合計分數最高的項目，還是選平均分數最高的項目，或是選沒有任何負評的項目……只是隨便想想，就可以想出好幾種模式。

這些模式並不是要追求哪一個在本質上最出色，哪一個最低劣。因為，**只要決策的目的改變，適合的方法也會改變**。

所以，要講求的是找出哪個方法更適合現在的目的。

讀到這裡，應該會有人想到：

「那個服務，是不是就是從社會選擇理論延伸出來的？」

沒錯，就是本書提到好幾次的那個服務。

實際上，這個很多人熟悉的服務，已經開始應用這個理論了。這個服務就是到餐廳、美容院等店家消費，或是使用過化妝品、家電產品、書籍的人會用「星等」或「分數」來評價的「口碑評價網站」。

口碑評價網站就是累積每個人對哪個事物的喜好程度、展現出來，幫助消費者決定「要去哪一家店吃飯」、「買哪個化妝品」。

目前日本普遍使用的口碑評價網站，不一定都有經濟學家參與設計，不過有經濟學家合作開發的口碑評價網站，都是以社會選擇理論為基礎建構而成。

商務人士口中的「說不定」，可以開拓學識的可能性

口碑評價網站會累積一般使用者的評價提供給大眾參考，幫助每位消費者做決定。但是，要將多名使用者的評價統整成一個評價，並沒有那麼簡單。

除了第二章談到的AppBrew的案例以外，各個口碑評價服務也都面臨許多課題。根據商務人士的課題意識，來建構如此困難的評價機制（分級），終歸只是經濟學

家的其中一項工作而已。

就像一般的思維無法將「社會選擇理論」和「口碑評價網站」連結起來一樣，其他還有令人意想不到、不曾聽聞的經濟學理論應用之道。

「或許這個商業課題，能設法用經濟學解決也說不定？」

「或許這個理論，跟我們這一行的相容性很高也說不定？」

粗淺廣泛地學習經濟學，就會激發人產生這些「說不定」的想法。如果經濟學能像這樣成為其中一個解決課題的選項，商業最終就能真正與經濟學幸福地結合，以前所未有的方法為商業開拓出大幅躍進的康莊大道。

因此，現在學習經濟學，是可以在五年後、十年後收穫成果的投資，總之**希望各位都能先試著了解經濟學的精髓**。

但忙碌的商務人士若要從頭開始專門學習經濟學，不僅難度高，也沒有那個必要。目標是只要稍微品嘗一點知識、確認各個領域的風味後，能夠掌握到「現在我們需要的是這個風味……也說不定？」的感覺就好。

如此一來，商務人士也能接收到經濟學家發布的訊息、產生反應，與經濟學會更容易達到理想的結合。

重點

要能敏銳地接收俯拾即是的可能性。

學習經濟學，是一種企業投資

前面也稍微談過，技能再造若不是指「學習技術」而是「學習教養」的話，需要很多時間才會有成效。「學習教養」並不是說只要熟知某些教養，就可以將原本需要花一小時的事情縮短成半小時。

學習技術最重要的目標，也是針對課題提高業務效率和成果。

但更深入的問題是，今後該怎麼憑著企業的力量，提振這三十年來薪資處於停滯狀態的日本經濟。所以，終究還是需要長遠的投資。

對國家而言，教育並不是給予國民的「福利」，而是將來可以獲得龐大回報的「投資」。這一點在企業也是如此。

依需求委託外界的經濟學家雖然也是一個方法，不過對企業來說能帶來最大好處的，還是**為了發現自家公司的商業課題而採納經濟學的見解，建立出能夠發現並解決有助於公司成長的課題的環境**。

鼓勵儲備幹部學習經濟學的教養，以長期的觀點聘雇熟悉經濟學的人才。現在就採取這些行動，在五年後、十年後必定會有明確的成效。

現代大多數的日本企業，就像是「乾燥的海綿」一樣。

在獲取數據已成為常態的現在，經濟學比以往更容易活用，但是日本企業卻連這件事也沒有察覺。

正因如此，就像是乾燥的海綿迅速吸水一樣，發覺「經濟學似乎能運用於商業用途」將經濟學作為商業教養來學習，接著開始活用於商業課題後，成長的幅度就會有無限的潛力。

重點

就從翻開一本經濟學書籍開始吧。

後記

現代日本需要的「仲介」人才

套用美式做法終究有極限

在經濟學的商業活用方面，美國還是領先了數十步之遙，但日本或許也不是只有望塵莫及的份。

美國和日本的文化背景不同，企業文化也不一樣，人們對學問的注重程度和距離感亦大相逕庭。所以，日本需要自行探究將學識活用於商業的形式。

在日本，經濟學家也正逐漸認知到「自己擁有的學識可以活用於商業」，此外，也開始有少數企業會活用經濟學來解決商業課題。

而我身為本書的著者，也期許能夠趁這個機會，向日本的商務人士推廣經濟學的教養。

不過，現狀是日本的經濟學家與商務人士之間，依然有很大的隔閡。

最理想的狀況是像本書介紹的CyberAgent和Sansan一樣，公司內會聘請經濟學家，建構出「隨時都能找經濟學家商量」的環境，但是很難要求大多數企業都這麼做。

而且，即便是美國，經濟學家也可能在企業任職數年後又回到大學進修，成為更精進的學者後再回歸企業。這種任意轉換經濟學家與商務人士身分的自在作風，在日本根本不可能出現。

除此之外，經濟學家當中，也有某種程度的隔閡。

同樣身為經濟學家，只要專業領域不同，就完全不會有交集。即使學者認為自己有能力協助，或是想要協助企業案件，但大多數學者都沒有足以為了案件而自行組成最佳團隊的人脈網路。而且，就算企業和學者可以克服這些難關，合作展開團體戰來處理商業課題，也還是有可能一步錯、步步錯。

共同語言的溝通不良，學者對商業的理解不足，商務人士的說明不足，這些都會造成彼此的關係生變。在這種狀況下，就無法充分活用學識了吧。

什麼是日式的學識商業活用方向

這麼看來，如今日本需要的是「調解」，也就是能夠發揮「連結」功能的人。將面對課題的企業，與適合協助解決的學者「連結起來」。

為了組成解決課題的最佳團隊，而將學者與學者「連結起來」。身為合作處理商業課題的企業・學者團隊的一員，為了避免出現一步錯、步步錯的局面，而將雙方的溝通「連結起來」。

或許，在公司裡聘請經濟學家，遲早也會成為日本的常態。不過在這之前，具備這種「調解」功能的人，就是將學識活用於商業的關鍵人物。

考慮到學識的商業活用在日本還不普遍，培育並確保不是經濟學家也不是商務人士，而是介於兩者之間、能發揮各種「連結」功能的人才，也是目前迫切的課題。

這樣的人才愈多，學識的商業活用在日本應該就會迅速普及開來。就提升個人平均產能的意義而言，日本的經濟才終於能夠撥雲見日。

在商業上活用經濟學的推薦閱讀書單

使える！経済学 データー駆動社会で始まった大変革

日本經濟研究中心編／二〇二二年七月發行／日本經濟新聞出版

在現實經濟、現實社會中，經濟學家是如何連接到商業的呢？這本書可以學到多位經濟學家將經濟學投入社會實務運用的案例，收錄多個日本經濟學家的實務案例，可以作為實際活用的參考。

世界最高峰の経済学教室

廣野彩子編著／二〇二三年七月發行／日本經濟新聞出版

從這本書可以知道世界頂尖的經濟學家，都是怎麼面對社會課題，怎麼探索解決之道，而最先進的經濟學又是什麼樣的學問。內容是以編著者的訪談為主，一般讀者也能輕鬆理解。

なぜ、それは儲かるのか 〈フリー＋ソーシャル＋価格差別〉×〈データ〉が最強な理由

山口真一／二〇二〇年七月發行／草思社

以經濟學的觀點，解說由GAFA領頭的先進資訊科技企業如何賺錢、如何成長。傳統工業社會的價值觀，必然需要轉型成為資訊社會的價值觀。這本書可以幫助了解用經濟學的觀點掌握這個新價值觀的重要性。

ゲーム理論〈裏口〉入門 ボードゲームで学ぶ戦略的思考法

野田俊也／二〇二三年六月發行／講談社

由多位從事過經濟學的社會實務運用的經濟學

家，以下棋為題材寫成的賽局理論入門書。除了原本就知道賽局理論的人以外，沒聽過賽局理論的讀者也能透過本書了解其中要點。

行為經濟學是最強商業武器

相良奈美香著，葉廷昭譯／二〇二四年五月發行／先覺

這本書可以幫助了解各大企業都採用的「行為經濟學」，究竟是什麼樣的學問。書中收錄許多精華，讓人讀完就想要實際將學識活用在自身面臨的商業課題上。對「行為經濟學」有興趣的人必讀的一本書。

「原因と結果」の経済学 データから真実を見抜く思考法

中室牧子、津川友介合著／二〇一七年二月發行／鑽石社

這本書會教你怎麼將「因果關係」理解成一門學問，是一本以效果驗證為基礎的學識入門書，多數企業皆可活用。推薦作為經濟學商業活用的第一本書。

規模化效應：從A到A+，讓好創意擴大影響力

約翰・李斯特著，廖月娟譯／二〇二二年十二月發行／天下文化

參與過Uber等多家先進資訊科技企業管理的經濟學家的著作。以著者的親身經歷為主，可以了解經濟學實務運用的發源地美國的案例。書中談到可以擴大影響力的創意和無法擴大影響力的創意、活用經濟學做到可視化的方法等等，提供許多企業管理中的經濟學活用與實踐的啟發。

今井誠

Economics Design股份有限公司共同創辦人，代表董事。

1998年關西學院大學商學系畢業。曾任職於金融機構，在IDU（現為日本Asset Marketing股份有限公司）草創時期開始從事不動產拍賣業務，協助公司在東證Mothers上市。經手的不動產拍賣案件有2000件以上。之後在不動產基金投資1000億日圓以上的不動產。2009年創辦不動產投資顧問企業，就任為代表董事。2018年就任為不動產DX相關企業代表董事，以及不動產拍賣公司董事，在不動產業界致力於將經濟學應用於商業實務。2018年11月起主辦「經濟學╳商業」的工作坊「Auction Lab」。為了更進一步挑戰經濟學在商業上的實務運用，於2020年與三位經濟學家共同創辦了Economics Design，就任為代表董事。合著《拋開既定印象，用最新經濟學手法解決問題！》

X:@imai_auctionlab

https://econ.news/

imai@edi.co.jp

插畫　Mizmaru Kawahara

版型　マーリンクレイン

提高公司穩定度！
先進企業的經濟學運用法

出　　版／楓葉社文化事業有限公司

地　　址／新北市板橋區信義路163巷3號10樓

郵政劃撥／19907596　楓書坊文化出版社

網　　址／www.maplebook.com.tw

電　　話／02-2957-6096

傳　　真／02-2957-6435

作　　者／今井誠

翻　　譯／陳聖怡

責任編輯／陳亭安

內文排版／洪浩剛

港澳經銷／泛華發行代理有限公司

定　　價／450元

出版日期／2025年6月

國家圖書館出版品預行編目資料

提高公司穩定度！先進企業的經濟學運用法 / 今井誠作；陳聖怡譯. -- 初版. -- 新北市：楓葉社文化事業有限公司，2025.06　面；公分

ISBN 978-986-370-797-4（平裝）

1. 經濟學　2. 商業管理　3. 企業經營

550　　114005598